Trésors enfouis

L'ENCYCLOPÉDIE AVENTURE

Des animaux primitifs jusqu'aux civilisations anciennes, une multitude d'êtres vivants ont laissé, avant de disparaître, de précieuses empreintes sous forme de fossiles ou de vestiges.

Dénichez ces trésors ensevelis dans le sol, sous la jungle, au fond des grottes ou dans les profondeurs marines. Voyagez d'un continent à l'autre, d'une époque à l'autre en suivant votre propre itinéraire. Vous aurez la chance d'être guidé, dans vos déplacements, par les animaux préhistoriques les plus étonnants !

Mais attention ! Votre voyage dans le temps et autour du monde ne se limite pas à une simple balade touristique. Pendant votre périple, vous devrez récolter des lettres qui vous permettront de résoudre des énigmes.

D1081242

Catalogage avant publication de Bibliothèque et Archives nationales du Québec et Bibliothèque et Archives Canada

Vedette principale au titre : Trésors enfouis : l'encyclopédie aventure

Comprend un index.
Pour les jeunes de 8 ans et plus.

ISBN 978-2-7644-0851-3

Dépôt légal : 2007
Bibliothèque nationale du Québec
Bibliothèque nationale du Canada

1. Archéologie – Ouvrages pour la jeunesse. 2. Paléontologie – Ouvrages pour la jeunesse. 3. Préhistoire – Ouvrages pour la jeunesse. 4. Civilisation ancienne – Ouvrages pour la jeunesse.

CC171.T73 2007   j930.1   C2006-942266-4

Trésors enfouis –
L'encyclopédie aventure
a été créé et conçu par **Québec Amérique Jeunesse**,
une division de Les Éditions Québec Amérique inc.
329, rue de la Commune Ouest, 3ᵉ étage
Montréal (Québec) H2Y 2E1 Canada
T 514.499.3000 **F** 514.499.3010
www.quebec-amerique.com

Nous reconnaissons l'aide financière du gouvernement du Canada par l'entremise du Programme d'aide au développement de l'industrie de l'édition (PADIÉ) pour nos activités d'édition.

Gouvernement du Québec – Programme de crédit d'impôt pour l'édition de livres – Gestion SODEC.

Les Éditions Québec Amérique bénéficient du Programme de subvention globale du Conseil des Arts du Canada. Elles tiennent également à remercier la SODEC pour son appui financier.

Imprimé et relié à Singapour.   10 9 8 7 6 5 4 3 2 1   12 11 10 09 08 07

Éditrice
Caroline Fortin

Directrice éditoriale
Martine Podesto

Rédactrice en chef
Marie-Anne Legault

Rédactrice
Cécile Poulou-Gallet

Designer graphique
Josée Noiseux

Mise en page
Émilie Bellemare
Émilie Corriveau

Directeurs artistiques
Anouk Noël
Jocelyn Gardner

Illustrateurs
Alain Lemire
Yvan Meunier

Retouche photo
Mathieu Douville

Cartographe
François Turcotte-Goulet

Chargées de projet
Odile Perpillou
Nathalie Fréchette

Validation des faits
Stéphanie Lanctôt

Réviseur-correcteur
Claude Frappier

Préimpression
Karine Lévesque
Kien Tang

Trésors enfouis

L'ENCYCLOPÉDIE AVENTURE

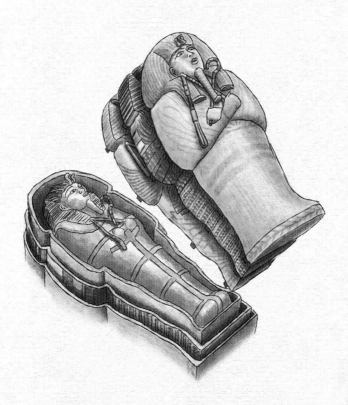

QUÉBEC AMÉRIQUE jeunesse

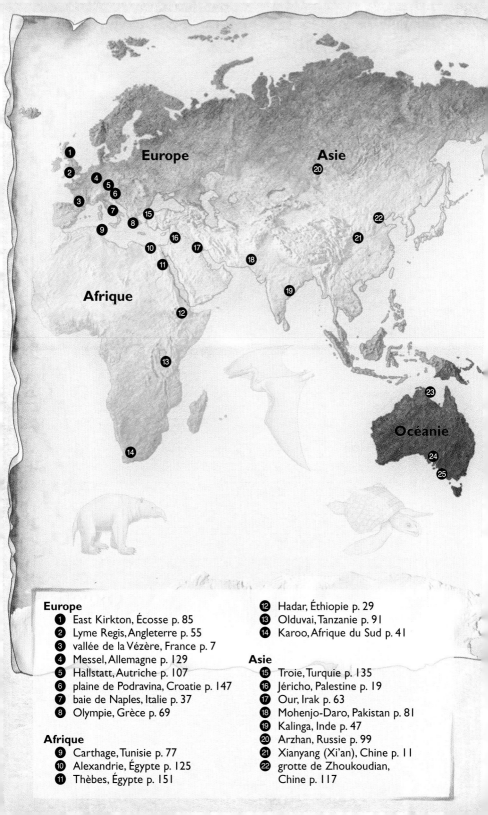

Europe

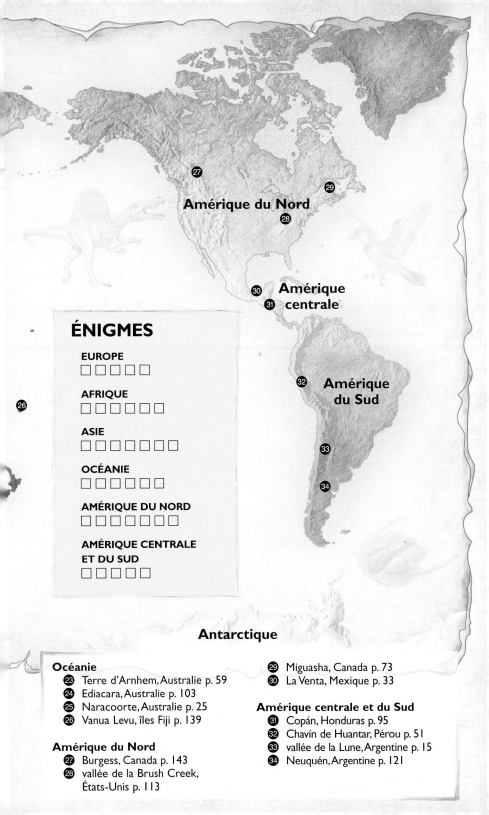

Amérique du Nord

Amérique centrale

Amérique du Sud

ÉNIGMES

EUROPE
☐ ☐ ☐ ☐ ☐

AFRIQUE
☐ ☐ ☐ ☐ ☐ ☐

ASIE
☐ ☐ ☐ ☐ ☐ ☐ ☐

OCÉANIE
☐ ☐ ☐ ☐ ☐ ☐

AMÉRIQUE DU NORD
☐ ☐ ☐ ☐ ☐ ☐ ☐

AMÉRIQUE CENTRALE ET DU SUD
☐ ☐ ☐ ☐ ☐

Antarctique

Les énigmes à résoudre

EUROPE ☐☐☐☐☐

Chez les Romains, ce liquide odorant était utilisé comme détachant dans la lessive et le dentifrice.

AFRIQUE ☐☐☐☐☐☐

Après le déclin de la civilisation égyptienne, les Arabes et les Européens réduisirent ces «trésors» en poudre pour concocter toutes sortes de remèdes.

ASIE ☐☐☐☐☐☐☐

Cet élément étonnant découvert récemment en Chine sur plusieurs fossiles de dinosaures nous laisse penser que ceux-ci ne sont pas tout à fait éteints.

OCÉANIE ☐☐☐☐☐☐

Ce redoutable prédateur, qui apparut en Australie il y a environ 50 000 ans, est le plus féroce que cette île ait connu. Il serait en partie responsable de la disparition de plusieurs espèces, dont le kangourou géant, le koala géant et le terrible lion marsupial.

AMÉRIQUE DU NORD ☐☐☐☐☐☐☐

Il y a plus de 10 000 ans, en Amérique du Nord, cet animal faisait partie du gibier chassé par les premiers Amérindiens.

AMÉRIQUE CENTRALE ET DU SUD ☐☐☐☐☐

Les Mayas connaissaient la roue, mais plutôt que de l'utiliser pour se déplacer, ils l'employaient pour fabriquer ce type d'objet.

La carte du monde et la ligne de temps

Pour les besoins de l'aventure, le monde est divisé en six continents, chacun présentant un certain nombre de destinations-découvertes. Vous trouverez ces continents, les destinations-découvertes et les six énigmes à résoudre sur la carte du monde, aux pages 4 et 5. Nous vous suggérons de photocopier cette carte ou encore de l'imprimer à partir du site **www.quebec-amerique.com/gje/enfouis**. Elle vous permettra de vous repérer en tout temps, de tracer votre parcours et de noter au fur et à mesure les lettres trouvées. Pour situer une époque, référez-vous à la ligne de temps, à la page 155.

Les lettres cachées

Chaque destination-découverte est reliée à un article du livre. La lecture d'un article peut vous dévoiler une ou plusieurs lettres de l'énigme associée à un continent. Pour résoudre une énigme, vous devez donc faire le tour d'un continent, trouver les lettres cachées et les ordonner.

La navigation

La dernière page de chaque article vous donne le choix entre trois nouvelles destinations-découvertes. À vous de décider de la direction à prendre. Attention! Vous devrez parfois revenir sur vos pas pour atteindre la destination voulue.

Prêt pour l'aventure?
Commencez votre voyage dans la vallée de la Vézère,
à la page 7. ➡

L e cri de ralliement des chasseurs dè rennes se fait entendre en écho dans la vallée de la Vézère. Après une journée passée à suivre le déplacement du gibier, tous se rejoignent dans un abri saisonnier situé dans le creux de la falaise qui surplombe la rivière. Plusieurs chasseurs profitent des derniers rayons du soleil pour affiner leurs armes. C'est alors qu'un homme, surnommé « le sorcier », vous fait signe de le suivre…

Le sorcier vous tend une lampe en pierre (une simple roche creuse) dans laquelle brûle de la graisse de renne et vous entraîne dans les profondeurs obscures d'une grotte. Après avoir rampé sur plusieurs mètres, vous atteignez une vaste galerie. Le sorcier ouvre alors de petites sacoches. Celles-ci contiennent des poudres noires, jaunes et rouges. L'homme crache dans les divers sacs et mélange sa salive aux poudres. Il ajoute ensuite de la graisse pour former d'étranges potions. Le sorcier aspire l'une d'elles à l'aide d'un os creux. C'est à ce moment que la magie opère…

Vous croyez que le sorcier vient d'avaler sa potion ? Pas du tout. Il la souffle plutôt sur la paroi de la grotte… et lui donne vie ! Ainsi, la paroi se transforme en cheval sous vos yeux ! Vous avez l'honneur de côtoyer l'un des premiers artistes de l'humanité, un *Homo sapiens* appelé Cro-Magnon !

peinture de Cro-Magnon

Les plus anciens représentants des humains modernes, les *Homo sapiens*, sont des chasseurs-cueilleurs apparus dans l'Est de l'Afrique il y a près de 200 000 ans. Ils sont à l'origine des six milliards et demi d'humains répartis sur tous les continents aujourd'hui. D'autres espèces d'humains ont aussi existé au cours de la Préhistoire, mais seul *Homo sapiens* a survécu. Quelques-uns de ces premiers hommes modernes ont quitté l'Afrique, il y a près de 100 000 ans. Ils gagnèrent la Chine voilà 67 000 ans, l'Australie il y a près de 50 000 ans, l'Europe il y a quelque 40 000 ans et l'Amérique il y a un peu plus de 20 000 ans. Les *Homo sapiens* qui se sont installés en Europe ont été appelés hommes de Cro-Magnon.

Homo sapiens

Le terme *Homo sapiens* est une combinaison des mots latins « homo » qui signifie « homme » et « sapiens » qui signifie « sage » ou « qui sait ».

hachette

Homo sapiens était plus doué que ses prédécesseurs pour fabriquer des outils comme des lames, des racloirs ou des lances. Il inventa l'aiguille à coudre et le propulseur, un outil qui lui permettait d'atteindre ses proies à distance. Enfin, il y a un peu plus de 30 000 ans, *Homo sapiens* devint le premier artiste !

Il commença à sculpter des animaux et des statuettes. Il peignit sur les parois des cavernes des animaux comme des bisons, des mammouths, des chevaux et des félins. Pour concocter ses peintures, *Homo sapiens* utilisait des minéraux de diverses couleurs (argiles, charbon, craie), broyés et mélangés à de l'eau, de la salive ou de la graisse. La peinture était appliquée directement avec les doigts ou en utilisant des pinceaux faits de brindilles ou de poils d'animaux. La bouche permettait également de la pulvériser sur les parois des cavernes.

statuette

LES TRACES DE L'HOMME DE CRO-MAGNON

L'homme de Cro-Magnon doit son nom à un site situé dans la vallée de la Vézère, en Dordogne (France), où ses premiers restes fossiles, vieux de 30 000 ans, ont été mis au jour en 1868. De nombreuses grottes abritant des peintures attribuées à l'homme de Cro-Magnon ont été découvertes dans la vallée. La grotte de Lascaux exhibe des centaines de magnifiques peintures datant de −16 000 ans environ. Ces chefs-d'œuvre (des chevaux, des taureaux, des cerfs…) faisaient-ils partie de cérémonies rituelles et magiques ? Représentaient-ils des scènes de chasse ? Aujourd'hui encore, il est difficile de le savoir précisément.

Au fil des siècles et des millénaires, les habitants de la Dordogne ont délaissé leurs grottes et leurs abris-sous-roche pour construire des villages et des bourgs dominés par des églises et des châteaux. Néanmoins, les *Homo sapiens* d'aujourd'hui regagnent par milliers les grottes de la vallée de la Vézère. Ils font en effet la file pour admirer les chefs-d'œuvre peints par leurs ancêtres préhistoriques. Joignez-vous à eux. Qui sait ? L'une de ces grottes pourrait révéler les couleurs d'une lettre de l'énigme : **la troisième lettre du nom du continent où vivait l'homme de Cro-Magnon.**

De la vallée de la Vézère, vous pouvez vous rendre à...

2	9	29
Lyme Regis, Angleterre **700 km**	**Carthage, Tunisie** **1 200 km**	**Miguasha, Canada** **5 000 km**

Devenez léger comme l'air et filez, toutes ailes déployées, jusqu'à la **page 55.** ➤	Remuez ciel et terre pour vous percher sur la **page 77.** ➤	Attention ! Évitez de vous faire pincer par *Pterygotus* en vous rendant à la **page 73.** ➤

Pterodactylus, qui vécut il y a environ 150 millions d'années, fut le premier ptérosaure (reptile volant) découvert et étudié par les scientifiques. Ce mangeur de poisson possédait une envergure d'ailes de près de 1 m. Ses restes ont été découverts en Europe et en Afrique.	*Iberomesornis* avait la taille d'un moineau et vivait à l'époque des dinosaures, il y a quelque 120 millions d'années. Cet oiseau primitif, muni de petites dents pointues, voltigeait aisément entre les branches à la recherche d'insectes et de crustacés. Ses fossiles ont été retrouvés en Espagne.	Il y a plus de 400 millions d'années, les scorpions de mer étaient les plus grands et les plus redoutables prédateurs marins. *Pterygotus*, dont les fossiles ont été retrouvés en Europe et en Amérique du Nord, pouvait atteindre près de 3 m de long !

Vous voici parmi les humbles sujets de Qin Shi Huangdi. Depuis son arrivée au pouvoir, votre souverain a conquis et annexé les royaumes voisins et dirige son nouvel empire d'une main de fer. Tout dissident est sévèrement puni, voire exécuté.

Les mécontents sont nombreux. Qin Shi Huangdi craint à chaque instant de se faire assassiner, si bien que dans son palais qui contient plus de mille pièces, il dort chaque nuit dans une chambre différente. Sa vaste demeure serait également remplie de ses sosies (des personnes qui lui ressemblent parfaitement) afin de confondre tout agresseur éventuel. Ce n'est pas tout. Une équipe d'alchimistes est chargée de trouver la recette qui lui donnera la vie éternelle.

Toutefois, même les plus grands monarques n'échappent pas à leur destin. Ainsi, votre souverain trouve bientôt la mort lors d'un voyage où il est à la recherche de l'élixir de l'immortalité…

Qu'à cela ne tienne, Qin Shi Huangdi sera protégé... même dans l'au-delà ! En effet, des milliers de soldats, uniques en leur genre, monteront la garde à l'intérieur de son somptueux tombeau situé non loin de la capitale, Xianyang. La construction de ce dernier aura nécessité le labeur de 700 000 esclaves pendant 36 ans ! On ne lésine pas lorsqu'il s'agit de la sépulture du premier empereur de Chine.

armée de terre cuite

UNE ARMÉE IMPOSANTE

En 1974, des paysans chinois occupés à creuser un puits déterrèrent une magnifique statue de guerrier, grandeur nature. Ils venaient de mettre au jour l'impressionnante armée de plus de 7 000 soldats en terre cuite, fabriquée sous le règne de l'empereur Qin Shi Huangdi. Cette armée occupait trois grandes fosses près du tombeau du souverain. Plus frappant encore, il n'y avait pas deux soldats pareils. Chacun d'eux possédait un habillement, une coiffure et des traits qui lui étaient particuliers. Certains étaient armés d'arcs ou de lances ; d'autres étaient accompagnés de chevaux et même de chars !

soldat de terre cuite

Au 3e siècle avant notre ère, la Chine était constituée de petits royaumes qui étaient continuellement en guerre. En −221, le prince Ying Zheng conquit tous les royaumes et se fit baptiser Qin Shi Huangdi, ou Premier Empereur. Pour relier les différentes parties de son empire, il fit construire des milliers de kilomètres de routes. Il imposa un seul système de poids et de mesures ainsi qu'une monnaie et une écriture uniques. Qin Shi Huangdi ordonna l'édification d'une grande muraille en faisant raccorder des murs défensifs qui étaient jusque-là dispersés. Il espérait ainsi parer aux attaques des tribus nordiques.

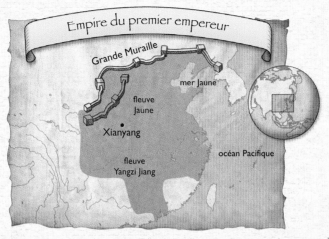

Empire du premier empereur

Grande Muraille

mer Jaune

fleuve Jaune

Xianyang

océan Pacifique

fleuve Yangzi Jiang

Le terme «Qin» se prononce «Chin» dans la langue chinoise. Ce nom porté par le premier empereur est à l'origine du nom du pays.

Après la mort de l'empereur Qin Shi Huangdi, en −210, l'empire connut des années de révolte. Lorsque Liu Bang, le chef des rebelles, prit le pouvoir en −206, il devint le premier empereur de la dynastie Han. Une dynastie est une succession de souverains d'une même lignée. Sous le long règne des Han, qui dura plus de 400 ans, la Chine devint l'une des civilisations les plus prospères du monde. L'empire était alors administré par des gens lettrés, appelés mandarins, sélectionnés avec soin dans des écoles spécialisées. Une importante voie commerciale reliant l'Europe et l'Asie, appelée Route de la soie, fut établie à cette époque. La dynastie Han nous a légué une myriade d'inventions dont le papier, le gouvernail (qui permet de mieux diriger un bateau), la porcelaine fine et le séismographe (un instrument qui détecte les tremblements de terre).

mandarin

Avant de quitter la Chine, allez vous dégourdir les jambes sur la Grande Muraille. Cette dernière a été prolongée par les dynasties qui ont succédé au premier empereur. Aujourd'hui, on estime que la Muraille de Chine mesure plus de 7 000 kilomètres, en combinant tous ses tronçons. Cet ouvrage titanesque qui mesure jusqu'à 8 mètres de haut et environ 6 mètres d'épaisseur est la plus grande construction édifiée par des humains ! On dit que ses fondations cachent les ossements des nombreux ouvriers morts d'épuisement… et peut-être aussi une lettre de l'énigme : **la deuxième lettre du nom de la dynastie chinoise fondée par Liu Bang.**

De Xianyang, vous pouvez vous rendre à...

31	19	22
Copán, Honduras **14 000 km**	**Kalinga, Inde** **3 000 km**	**Zhoukoudian, Chine** **900 km**

Traversez l'océan Pacifique en compagnie d'un poisson qui a du mordant et émergez à la **page 95.** ➡	Profitez des belles grandes plumes de *Caudipteryx* pour vous envoler vers la **page 24.** ➡	Grimpez sur la tête de *Mamenchisaurus*. Il vous déposera, en étirant son long cou, à la **page 117.** ➡

Les acanthodiens furent parmi les premiers animaux à posséder des mâchoires. Ces poissons étaient dotés d'un squelette fait non pas d'os mais de cartilage, une matière souple. Les plus vieux fossiles d'acanthodiens ont été retrouvés en Chine et datent de 416 millions d'années.

Caudipteryx possédait le bec, les longues plumes et les pattes d'un oiseau, mais ses os et ses dents rappelaient ceux d'un dinosaure. Ce drôle d'animal de la taille d'une dinde vécut en Chine il y a quelque 125 millions d'années.

Le cou de *Mamenchisaurus* pouvait mesurer une dizaine de mètres, soit la moitié de la longueur totale de son corps ! Cette particularité physique lui permettait sans doute d'atteindre des zones de végétation difficiles d'accès. Ce grand dinosaure herbivore vivait en Chine il y environ 155 millions d'années.

L a saison des pluies a tapissé la plaine d'une végétation luxuriante et transformé les rivières en torrents. Profitez de la réapparition timide des rayons du soleil pour parcourir cette terre parsemée de fougères et d'arbres qui mesurent des dizaines de mètres de haut.

Vous réalisez rapidement que vous n'êtes pas le seul à profiter de l'accalmie. Des reptiles qui ont la taille de gros cochons et qui possèdent un drôle de bec d'oiseau ont tôt fait de vous rejoindre pour se repaître de fougères. Malgré leur taille imposante, ces herbivores sont inquiets, surtout pour leurs petits. Car un tout nouveau prédateur rôde…

Le voici qui s'approche furtivement du troupeau en se déplaçant sur ses pattes arrière. Attention ! Bien que ce reptile carnivore ne vous arrive pas à la taille, il est promis à un brillant avenir !

Croyez-le ou non, ce petit reptile, baptisé *Eoraptor*, est l'un des premiers dinosaures !

LES FOSSILES DE LA VALLÉE DE LA LUNE

En 1991, le squelette d'*Eoraptor* fut mis au jour dans la vallée de la Lune, en Argentine. Ce petit carnivore, qui ne mesurait pas plus de 1 mètre de long, vécut il y a environ 228 millions d'années. Il possédait de fines dents tranchantes et un squelette qui lui permettait de se tenir debout sur ses deux pattes arrière. La vallée de la Lune a également livré plusieurs fossiles d'archosaures, le groupe de reptiles qui a donné naissance aux dinosaures, aux crocodiles et aux ptérosaures (reptiles volants).

Les archosaures, ou « reptiles souverains », firent leur apparition au Triassique, la période de l'histoire terrestre qui s'étend entre −251 et −200 millions d'années. Certains archosaures auraient progressivement abandonné la posture « rampante », caractérisée par un ventre longeant le sol et des pattes situées sur le côté du corps (comme les crocodiles modernes). Ils évoluèrent pour adopter une posture dressée, avec le ventre plus éloigné du sol et des membres situés directement en dessous du corps (comme les oiseaux et les mammifères modernes). C'est cette position en aplomb qui distinguera le groupe des dinosaures, dont font partie *Eoraptor* et les géants qui lui succéderont.

◀ *Marasuchus*
L'archosaure *Marasuchus* est un proche parent des premiers dinosaures.

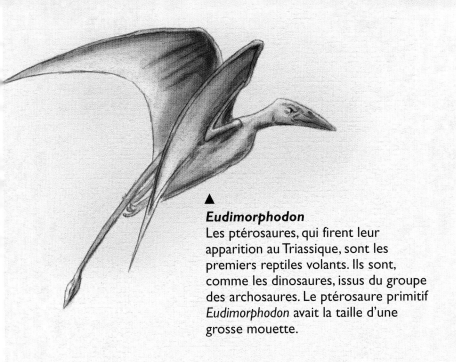

Eudimorphodon
Les ptérosaures, qui firent leur
apparition au Triassique, sont les
premiers reptiles volants. Ils sont,
comme les dinosaures, issus du groupe
des archosaures. Le ptérosaure primitif
Eudimorphodon avait la taille d'une
grosse mouette.

LES PREMIERS MAMMIFÈRES

Les premiers mammifères apparurent au Triassique, aux côtés des
premiers dinosaures. Les ancêtres des mammifères sont les reptiles
mammaliens. Certains, appelés cynodontes, possédaient des dents
variées et spécialisées (comme celles des mammifères modernes)
et peut-être même des poils. Parmi les premiers mammifères
figure *Megazostrodon*, un animal qui n'était pas plus gros qu'une
souris et qui se nourrissait d'insectes. La petite taille des premiers
mammifères leur permit de se terrer sans difficulté et de survivre
au règne des dinosaures.

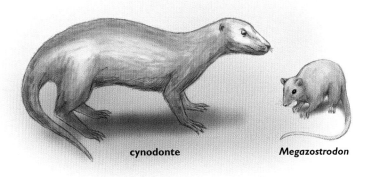

cynodonte   **Megazostrodon**

Aujourd'hui, la vallée de la Lune n'est plus une plaine verdoyante, mais une zone désertique où ne poussent que quelques cactus. Ce coin perdu vaut néanmoins le détour. Le vent qui souffle en permanence a façonné d'étranges silhouettes rocheuses. Celles-ci forment un paysage irréel qui donne l'impression d'être sur la Lune, d'où le nom donné à la vallée. Observez avec attention ces sculptures naturelles. Certaines d'entre elles pourraient prendre la forme de lettres de l'énigme : **la sixième et la septième lettre du nom donné à l'un des premiers dinosaures.**

De la vallée de la Lune, vous pouvez vous rendre à...

26	34	32
Vanua Levu, îles Fiji 11 000 km	Neuquén, Argentine 1 000 km	Chavín de Huantar, Pérou 2 500 km

Agrippez-vous au corps élancé de *Basilosaurus* et sillonnez l'océan jusqu'à la **page 139.** ➜

Tel un *Thylacosmilus* affamé, mordez à belles dents dans la **page 121.** ➜

Suivez un troupeau de reptiles « à bec » qui se dirigent nonchalamment vers la **page 51.** ➜

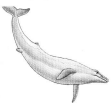

Basilosaurus était une baleine primitive de 25 m de long qui vivait il y a 36 à 40 millions d'années dans les mers tropicales peu profondes. Les minuscules pattes arrière de ce mammifère carnivore rappellent que les ancêtres des cétacés se déplaçaient à quatre pattes sur la terre ferme.

Thylacosmilus était un mammifère marsupial qui vivait en Argentine il y a 2 à 7 millions d'années. Même s'il ressemblait à un tigre à dents de sabre, ce prédateur était plus apparenté aux kangourous qu'aux félins. Ses longues canines tranchantes lui permettaient de déchirer la chair.

Scaphonyx était un reptile trapu apparenté aux archosaures. Cet herbivore à l'allure de cochon vivait en Amérique du Sud il y a environ 230 millions d'années. Ses mâchoires et ses dents recourbées comme un bec de perroquet lui servaient à découper la végétation.

Un climat chaud et humide s'est installé au Proche-Orient. Autour de votre village, les collines auparavant dénudées sont maintenant recouvertes de céréales sauvages.

À l'aide d'une faucille, vous coupez quelques épis de blé et les déposez dans un panier. Vous recommencez ce geste, encore et encore, jusqu'au coucher du soleil. Malgré cette apparente abondance, vous êtes inquiet. Les bouches à nourrir sont de plus en plus nombreuses et, à force de le cueillir, le blé sauvage est de moins en moins abondant. Pour trouver les céréales, vous devez chaque jour vous éloigner un peu plus de votre village. Vous faudra-t-il déménager?

Soudain, une bourrasque fouette les épis. Une multitude de graines sont dispersées aux alentours. Une idée vous traverse l'esprit… Pourquoi ne pas faire à votre tour comme le vent? Il vous suffit de répandre autour de votre village des milliers de grains de blé sauvage qui, en germant, formeront un nouveau champ! Croyez-le ou non, cette trouvaille, à première vue fort simple, est sur le point de révolutionner l'humanité…

Grâce à cette découverte, la population sera mieux nourrie et augmentera. Votre village grossira et deviendra l'une des premières villes de l'humanité. Vous avez la chance d'habiter le « croissant fertile », la région du Proche-Orient qui a vu naître l'agriculture.

•••

Il y a 15 000 ans, le climat planétaire devint plus doux et plus humide. Au Proche-Orient, dans une région en forme de croissant de lune surnommée le croissant fertile, les céréales sauvages, comme le blé et l'orge, se multiplièrent pour former de véritables champs. Les animaux sauvages se firent également plus nombreux. Avec ces abondantes ressources à portée de main, les humains qui habitaient cette région n'avaient plus besoin de se déplacer pour trouver leur nourriture. Ils construisirent, il y a environ 11 000 ans, les premiers villages permanents.

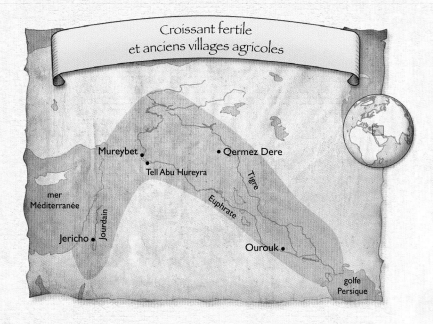

Croissant fertile
et anciens villages agricoles

Mureybet
Qermez Dere
Tell Abu Hureyra
Tigre
mer Méditerranée
Euphrate
Jourdain
Jericho
Ourouk
golfe Persique

Il y a environ 10 000 ans, les humains cessèrent progressivement d'être des chasseurs-cueilleurs et commencèrent à cultiver des céréales et à élever du bétail. Les premiers paysans labouraient la terre à l'aide de pioches en bois ou en silex (un type de roche). Ils semaient ensuite les graines dans des petits trous creusés à l'aide d'un bâton à fouir. La récolte des épis se faisait avec une faucille munie d'une ou plusieurs lames de silex. La chèvre et le mouton furent les premiers animaux domestiqués pour leur viande et leur lait. Bientôt, la vie dans les villages agricoles fut rythmée par de nombreuses activités.

Certains habitants étaient occupés à la fabrication de briques et à la construction de maisons. D'autres gardaient le bétail ou confectionnaient des poteries pour conserver le lait et les grains. D'autres encore transformaient les grains en farine, puis en galettes cuites sur des pierres chauffées. Ce sont les premiers métiers !

poterie

bâton à fouir

UNE DES PLUS ANCIENNES CITÉS DU MONDE

Dans les années 1950, l'archéologue britannique Kathleen Kenyon mena des fouilles à Jéricho, une ville de l'actuelle Palestine, au Proche-Orient. Ces fouilles dévoilèrent les vestiges de la cité qui vit le jour au même endroit, il y a environ 10 000 ans. Jéricho était alors protégée par des constructions en pierre impressionnantes : un mur d'enceinte de 5 mètres de haut et épais de près de 4 mètres ainsi qu'une tour, haute et large d'une dizaine de mètres.

21

Il y a quelque 9 000 ans, les habitants de Jéricho rendaient hommage à leurs ancêtres d'une bien étrange façon. Ils décapitaient leurs morts et conservaient leur crâne. Ils recouvraient celui-ci d'argile et modelaient le visage du défunt. Deux coquillages étaient posés dans les orbites des yeux. Les têtes étaient ensuite exposées dans les maisons ou dans des sanctuaires. Les archéologues ont mis au jour quelques-uns de ces crânes humains. Observez-les…

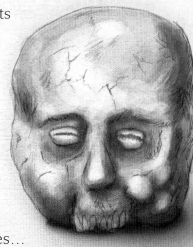

Ils contiennent la mémoire des premiers paysans du monde, ainsi que deux lettres de l'énigme : **la deuxième et la sixième lettre d'une découverte qui a vu le jour au Proche-Orient.**

De Jéricho, vous pouvez vous rendre à…

15	17	10
Troie, Turquie **1 200 km**	**Our, Irak** **1 000 km**	**Alexandrie, Égypte** **500 km**

Nagez à grands coups de pattes palmées jusqu'à la **page 135.** ➤

Suivez un cochon géant au crâne terrifiant. Son flair vous mènera à la **page 63.** ➤

Suivez *Hymenocaris*. Ses antennes vous aideront peut-être à « capter » la **page 125.** ➤

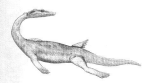

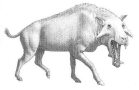

Nothosaurus figure parmi les premiers reptiles marins. Il fréquentait les eaux peu profondes d'Eurasie il y a 200 à 250 millions d'années. Cet excellent nageur pouvait mesurer jusqu'à 3 m de long. Il se nourrissait de poissons et vivait, tel un phoque, sur terre comme dans l'eau.

Les entélodontes étaient apparentés aux cochons. Ils vivaient dans l'hémisphère Nord il y a plus de 20 millions d'années. Ces mammifères monstrueux, qui avaient environ la taille des bisons, se nourrissaient de plantes, de chair animale et d'os qu'ils broyaient avec leurs puissantes mâchoires.

Hymenocaris était un petit crustacé primitif qui nageait dans les mers peu profondes il y a quelque 500 millions d'années. Il ressemblait à une crevette dotée d'une carapace ovale. Ses fossiles ont été retrouvés en Europe, en Amérique du Nord et en Océanie.

Halte! Ne vous aventurez surtout pas sur la piste de *Tyrannosaurus*! Avec son odorat très développé, il pourrait vous repérer de loin et vous attaquer par surprise. Ses effroyables mâchoires sont capables de s'ouvrir sur plus de 1 mètre et sa soixantaine de dents pointues peuvent atteindre 20 centimètres de long. *Tyrannosaurus* ne ferait qu'une bouchée de vous… Soyez sage et choisissez un autre mode de déplacement à la page 76. ➤

Comment espérez-vous pouvoir voler avec les plumes de *Caudipteryx* ? Même si celles-ci peuvent atteindre une longueur de 20 centimètres, elles lui servent uniquement à conserver la chaleur de son corps ou à parader pour attirer un partenaire ! S'il est inapte au vol, *Caudipteryx* est par contre un coureur rapide. Ainsi, ce ne sont pas les plumes mais bien les longues pattes de *Caudipteryx* qui vous aideront à atteindre, avec un peu de retard, la page 47. ➤

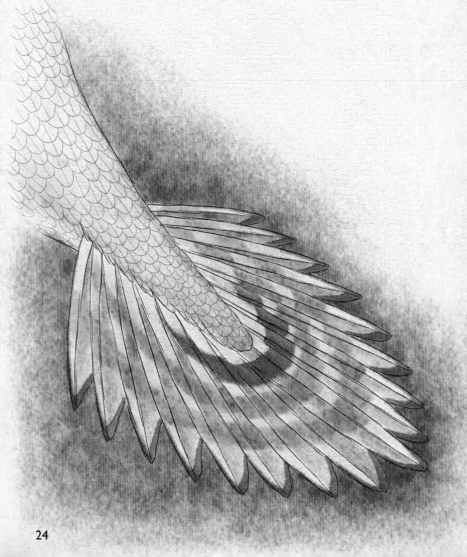

Vous parcourez une forêt où de grands eucalyptus projettent sur vous leur ombre théâtrale. Cette scène est agrémentée du chant mélodieux des pinsons qui frétillent dans les buissons. Un bruissement de feuilles attire votre attention. En contournant un bosquet pour découvrir la source du bruit, vous apercevez un kangourou géant, dressé sur ses pattes arrière. Il est occupé à grignoter les feuilles d'une branche perchée à 3 mètres du sol !

Une énorme bête poilue apparaît au loin. Elle a la taille d'un rhinocéros et la tête d'un koala. Attention ! Elle fonce droit sur vous ! Écartez-vous de son chemin ! Loin de vouloir vous attaquer, ce colosse court pour échapper à une sorte de fauve qui le poursuit. Le prédateur est deux fois plus petit que la proie, mais il possède des griffes acérées et une gueule garnie de grosses dents tranchantes. Soudain, avant qu'il ait eu le temps de rattraper sa victime, le prédateur tombe dans un trou.

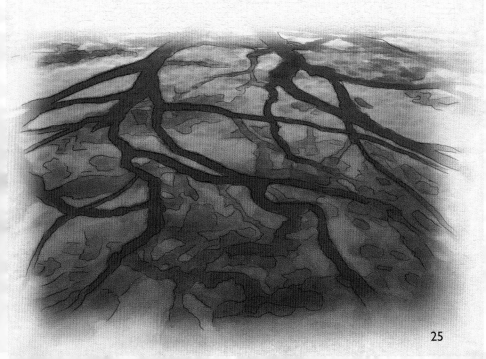

Avancez prudemment et jetez un coup d'œil dans le gouffre. Celui-ci est rempli d'ossements de bêtes qui ont été tout aussi malchanceuses que le « fauve »… Ce profond puits naturel, bien que cruel pour ses victimes, permettra plus tard aux humains de découvrir la faune unique qui s'est développée en Australie au cours de son histoire. Cette grande île isolée fut, entre autres, le royaume de gigantesques marsupiaux.

LES ANIMAUX PIÉGÉS DE NARACOORTE

Il y a des centaines de milliers d'années, un trou se forma au plafond de l'une des grottes de Naracoorte. Cette ouverture devint un piège pour plusieurs animaux, qui y tombèrent par mégarde. Lorsqu'on découvrit la grotte au 20e siècle, des centaines d'ossements s'y étaient accumulés pendant près de 500 000 ans ! La découverte de fossiles tels que ceux de Naracoorte est une véritable aubaine pour les paléontologues qui étudient la faune de l'Australie. Ainsi, nous savons aujourd'hui que des marsupiaux géants ont peuplé ce pays au cours du Néogène, la période de l'histoire terrestre qui se déroule de −23 millions d'années à nos jours.

Les marsupiaux sont des mammifères qui donnent naissance à des petits incomplètement formés, à l'inverse des mammifères placentaires (qui donnent naissance à des petits entièrement formés). Les jeunes marsupiaux poursuivent leur développement dans une poche située sur le ventre de leur mère. Les marsupiaux sont apparus sur la Terre il y a plus de 100 millions d'années, alors que certains continents étaient encore réunis. Contrairement aux placentaires, ils réussirent à coloniser l'Australie avant que celle-ci se détache des autres continents pour devenir une île. Ailleurs, la plupart des marsupiaux finirent par disparaître face à la concurrence livrée par les placentaires. Ils proliférèrent sur le continent australien, isolés des autres mammifères. Au Néogène, les marsupiaux australiens prirent toutes sortes de formes et grossirent. Certains, comme Diprotodon, devinrent des géants !

◄ Diprotodon
Diprotodon fut le plus gros marsupial de tous les temps. Cet herbivore pouvait atteindre 3 mètres de long et peser jusqu'à 2,5 tonnes !

Procoptodon goliah ►
Procoptodon goliah fut le plus grand kangourou. Il pouvait mesurer 3 mètres de haut et peser quelque 200 kilogrammes, soit plus de deux fois le poids des plus grands kangourous actuels.

◄ Thylacoleo carnifex
Thylacoleo carnifex, aussi appelé lion marsupial, fut le plus grand marsupial carnivore australien. Ce redoutable prédateur pouvait mesurer 1,5 mètre de long.

Au cours du Néogène, l'Europe, l'Asie, l'Afrique et l'Amérique furent également peuplées de mammifères géants. Des mammouths et des rhinocéros laineux sillonnaient l'Eurasie. Sur le continent américain, des paresseux géants atteignaient la taille des éléphants ! Ces gros mammifères disparurent à la fin de la dernière grande glaciation, il y a environ 10 000 ans. Seule l'Afrique a conservé ses mammifères géants !

paresseux Megatherium

Naracoorte est aujourd'hui un parc national qui protège quelque 26 grottes tout aussi fascinantes les unes que les autres. Ne manquez pas de découvrir, en plus des dépôts de fossiles, de magnifiques galeries aux allures de cathédrales. Dans l'une d'elles se trouve un lac qui reflète, tel un miroir, des stalactites effilées… et deux lettres de l'énigme : **la première et la deuxième lettre du nom du site australien qui abrite de nombreux fossiles.**

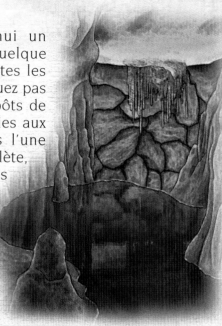

De Naracoorte, vous pouvez vous rendre à…

24
Ediacara, Australie
800 km

26
Vanua Levu, îles Fiji
4 400 km

34
Neuquén, Argentine
11 000 km

Un petit creux ? Imitez *Megalania* et avalez un marsupial géant avant d'atteindre la
page 103. ➤

Étirez votre long cou au-dessus de tout pour voir au loin la
page 139. ➤

Agrippez la nageoire dorsale de *Megalodon* et ruez-vous sur la
page 68. ➤

Megalania était un lézard qui pouvait mesurer près de 6 m de long et peser jusqu'à 600 kg ! Ce prédateur, également charognard, apparut il y a quelque 1,8 million d'années. Il fut le plus grand carnivore australien de son époque avant de disparaître, il y a environ 50 000 ans !

Rhoetosaurus est l'un des rares sauropodes (grands dinosaures herbivores) australiens. Ce colosse de 14 à 17 m de long aurait vécu il y a environ 190 millions d'années. *Rhoetosaurus* possédait une puissante queue qu'il utilisait peut-être comme une massue pour se défendre.

Megalodon est un requin préhistorique géant. Ce poisson carnivore qui avait deux fois la taille du grand requin blanc rôdait dans les océans du globe il y a 1,6 à 16 millions d'années. Ses proies favorites étaient les baleines !

Une brise légère chatouille votre visage et fait onduler les herbes de la savane africaine. Ici et là, des arbres projettent une ombre rafraîchissante. Vous apercevez un troupeau d'hipparions (des animaux qui font penser à des petits chevaux) qui broute paisiblement dans la plaine. Des grosses bêtes qui ressemblent à des éléphants, munis de longues défenses recourbées vers le sol, apaisent leur soif à la rivière.

Soudain, les hipparions paraissent alertés par un danger et détalent au triple galop. Derrière vous, un bruissement d'herbe se fait entendre. Vous vous retournez et tombez face à face avec un tigre à dents de sabre! Ce grand prédateur qui possède des canines de 15 centimètres de long semble vous trouver bien appétissant…

Regardez, là-haut, dans l'acacia! Des créatures qui ressemblent à des grands singes vous encouragent par des cris et des grognements à les rejoindre dans l'arbre. L'une d'entre elles vous tend son long bras… Vite! Grimpez!

Sachez que vos sauveurs ne sont pas tout à fait des singes. Malgré leur allure simiesque et leur mode de vie arboricole, ils marchent sur deux pieds ! Voici ceux qui sont parmi les plus proches parents des humains : les australopithèques !

Le mot « australopithèque » associe le terme latin « australis » qui signifie « du sud » au terme grec « pithêkos » qui signifie « singe ».

Les australopithèques, ou singes du Sud, sont apparus il y a 4 millions d'années et auraient vécu dans le Sud et l'Est de l'Afrique. Ces « pré-humains », qui mesuraient moins de 1,40 mètre, étaient encore proches des grands singes, mais ils présentaient aussi des caractères propres aux hommes. Leur cerveau, bien que plus petit que le nôtre, était un peu plus développé que celui des chimpanzés. Leur visage et leurs longs bras rappelaient ceux des singes, mais leurs jambes courtes étaient d'aspect plus humain. Les australopithèques étaient capables de se déplacer debout, en se dandinant. Ils parcouraient la savane à la recherche de leur nourriture (des racines, des feuilles, des fruits, ou des carcasses), mais ils ne s'éloignaient guère des arbres, où ils se reposaient et se réfugiaient au moindre danger. À l'époque, les forêts africaines se transformaient lentement en savanes. La bipédie (ou la faculté de marcher sur deux pieds) est une évolution qui a permis aux australopithèques de mieux voir au-dessus des herbes hautes. Elle a également permis de libérer leurs mains pour le transport et la manipulation de la nourriture et divers autres objets. Les australopithèques se sont éteints il y a un peu plus de 1 million d'années.

australopithèque

LA DÉCOUVERTE DE LUCY

En 1974, une équipe de paléontologues a mis au jour, dans la région de Hadar en Éthiopie, le squelette d'australopithèque le plus complet qu'on ait jamais trouvé. Les 52 fragments d'os déterrés, vieux d'environ 3,1 millions d'années, appartenaient probablement à une femme mesurant à peine plus de 1 mètre. On lui donna le nom de Lucy, un clin d'œil à la chanson du groupe anglais The Beatles, *Lucy in the Sky with Diamonds*, que les paléontologues écoutaient lors des fouilles !

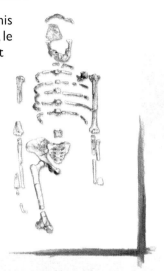

Les scientifiques ont longtemps pensé que les australopithèques étaient nos ancêtres directs. Mais des découvertes récentes ont semé le doute chez plusieurs d'entre eux. En 2000, une équipe a trouvé, au Kenya, des fossiles vieux de 6 millions d'années n'appartenant pas à un australopithèque. Il s'agissait d'Orrorin, dont les traits étaient sans doute plus humains que ceux de Lucy, l'australopithèque éthiopien. Un an plus tard, au Tchad (en Afrique centrale), la découverte de Toumaï, un individu âgé de 7 millions d'années et qui était sans doute bipède, faisait encore une fois vieillir notre arbre généalogique ! Ainsi, Lucy ne serait peut-être qu'une lointaine cousine. Elle partagerait avec nous des grands-parents dont l'identité reste à découvrir…

À l'époque de Lucy, le Nord-Est de l'Éthiopie était une oasis verdoyante. Aujourd'hui, la région est devenue un désert poussiéreux. Avec une température moyenne annuelle de plus de 30 °C et des pointes de près de 50 °C, elle figure parmi les endroits les plus chauds du monde. Ces conditions rendent la vie difficile aux paléontologues qui tentent d'y déterrer notre passé. Mais le jeu en vaut la chandelle lorsqu'il s'agit de trouver des os vieux de plusieurs millions d'années… ou deux lettres de l'énigme : **la troisième et la huitième lettre du nom donné aux pré-humains qui apparurent en Afrique il y a 4 millions d'années.**

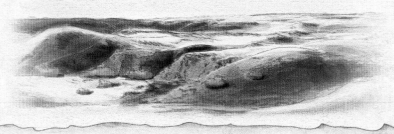

À partir de Hadar, vous pouvez vous rendre à…

11	13	18
Thèbes, Égypte 1 800 km	**Olduvai, Tanzanie** 1 700 km	**Mohenjo-Daro, Pakistan** 3 400 km

Demandez à *Deinotherium* d'utiliser ses étranges défenses pour vous aider à déterrer la **page 151.** ➤

Au galop ! Effectuez une longue chevauchée sur le dos d'*Hipparion* jusqu'à la **page 91.** ➤

Soyez vigilant ! Un étrange cétacé primitif s'apprête à engloutir d'un coup de mâchoire la **page 81.** ➤

Deinotherium était un éléphant primitif gigantesque qui pouvait atteindre 4 m de haut et près de 7 m de long ! Ses défenses étaient recourbées vers le bas et rattachées à la mâchoire inférieure. *Deinotherium* vivait en Afrique, en Europe et en Asie il y a 2 à 20 millions d'années.

Hipparion était un petit cheval primitif qui possédait trois doigts à chaque patte, contrairement aux chevaux modernes qui en possèdent un seul. Ce mammifère herbivore galopait dans les prairies d'Afrique, d'Europe, d'Asie et d'Amérique du Nord, il y a plus de 1 million d'années.

Ambulocetus est un ancêtre lointain des baleines. Ses quatre membres lui permettaient à la fois de nager et marcher. Ce mammifère carnivore de la taille d'une otarie se tapissait dans l'eau pour chasser, un peu comme un crocodile. Il vivait au Pakistan il y a 49 millions d'années.

Près de la côte du golfe du Mexique se trouve une île marécageuse où se dresse un ensemble de temples. Une pyramide en terre battue, aussi haute qu'une montagne, surplombe les autres bâtiments. Les prêtres qui habitent cette cité sacrée vous ont convié aujourd'hui à une importante cérémonie. Entrez dans le sanctuaire obscur où ils se sont réunis !

La lueur d'un feu de camp perce les ténèbres. Elle vous permet d'entrevoir le grand chaman, qui se tient debout derrière le foyer. Celui-ci s'apprête à implorer le dieu-jaguar de vous accorder de bonnes récoltes. Observez le chaman attentivement. Il absorbe une mystérieuse boisson qui le fait grimacer de dégoût et de douleur. Puis, son visage se couvre de sueur et ses yeux deviennent exorbités. Bientôt, il s'accroupit et se met à grogner… Vous ne voyez plus que son ombre à travers la fumée et les flammes du feu de camp. Lorsqu'il se redresse soudainement, son corps est couvert d'une fourrure tachetée et sa bouche ouverte révèle des crocs aiguisés. Le chaman s'est transformé sous vos yeux en jaguar-garou !

Restez calme! Il ne s'agit pas d'un vrai jaguar-garou. Le chaman porte simplement un masque et une peau de jaguar. L'effet hallucinogène d'une boisson contenant du poison de crapaud lui permet d'imiter l'animal. Le jaguar, le plus grand félin d'Amérique, est adoré par l'une des plus anciennes civilisations de ce continent : les Olmèques.

Le mot «Olmèque» signifie «peuple du pays du caoutchouc» dans la langue des Aztèques. Ceux-ci lui attribuèrent ce nom en raison des balles de caoutchouc fabriquées par les Olmèques.

Les Olmèques furent longtemps confondus par les archéologues avec les Mayas. Nous savons aujourd'hui qu'ils ont précédé ces derniers de près de 500 ans. Établis vers −1200 sur les bords du golfe du Mexique, les Olmèques formèrent la toute première civilisation d'Amérique centrale. La première cité érigée par les Olmèques serait San Lorenzo. Cette dernière fut leur centre politique, économique et religieux entre −1150 et −900. Puis, les Olmèques abandonnèrent San Lorenzo et transférèrent le centre de leur civilisation à La Venta où ils édifièrent un immense centre cérémoniel qui fut utilisé jusque vers −400. La civilisation olmèque développa un vaste réseau commercial qui s'étendit à toute l'Amérique centrale.

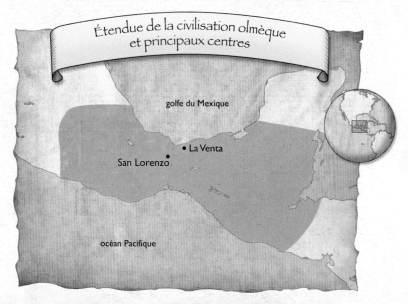

Étendue de la civilisation olmèque et principaux centres

golfe du Mexique

• La Venta

San Lorenzo

océan Pacifique

LE CENTRE CÉRÉMONIEL DE LA VENTA

Autour de 1940, l'archéologue américain Matthew Stirling mena des fouilles dans la jungle marécageuse du Mexique. Il fut l'un des premiers à reconnaître les Olmèques comme une civilisation à part entière. À La Venta, sur les bords du golfe du Mexique, il mit au jour les vestiges de ce qui fut l'un des plus grands centres cérémoniels olmèques. Les ruines de la cité étaient dominées par une gigantesque pyramide de terre d'environ 34 mètres de haut, soit l'équivalent d'un immeuble d'une dizaine d'étages ! Les fouilles ont également révélé un grand nombre de sculptures et gravures représentant des jaguars ou des hommes-jaguars (jaguars-garous). Les Olmèques considéraient le jaguar comme la plus importante divinité. Plusieurs archéologues croient que lors de certaines cérémonies, les chamans (prêtres-devins) incarnaient des jaguars pour mieux communiquer avec les dieux.

jaguar-garou

Les Olmèques construisirent des canaux d'irrigation qui permettaient d'acheminer l'eau jusque dans les cités. Artistes chevronnés, ils arrivaient à sculpter d'énormes blocs de pierre volcanique pour en faire de gigantesques têtes. Celles-ci pouvaient peser près de 8 tonnes et mesurer presque 3 mètres de haut ! Les premiers jeux de balle sont apparus chez les Olmèques. Ils faisaient sans doute partie de rites religieux. La civilisation olmèque s'éteignit vers −400, mais elle influença grandement les peuples qui lui succédèrent (dont les Mayas et les Aztèques) dans les domaines de l'architecture, de l'agriculture, de la religion, de l'écriture, de l'art et de l'astronomie. C'est pourquoi on la considère souvent comme une civilisation-mère.

tête olmèque

Certains archéologues pensent que les Olmèques, de brillants astronomes, auraient forgé le premier calendrier d'Amérique. Celui-ci fut récupéré et perfectionné par les civilisations qui succédèrent aux Olmèques, dont les Mayas. Dans ce calendrier solaire, l'année était divisée en 18 mois de 20 jours, avec une période finale de 5 jours, pour un total de 365 jours. Un calendrier sacré de 260 jours était aussi utilisé et s'imbriquait au calendrier solaire. Ensemble, ils formaient un cycle de 52 ans. L'origine et l'utilité du calendrier sacré restent mystérieuses. Étudiez-le. Il pourrait vous dévoiler deux lettres de l'énigme : **la deuxième et la cinquième lettre du nom d'un animal vénéré par les Olmèques.**

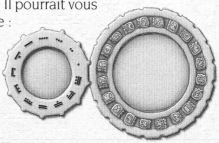

De La Venta, vous pouvez vous rendre à...

27	31	28
Burgess, Canada 4 200 km	**Copán, Honduras** 600 km	**vallée de la Brush Creek, É.-U.** 2 500 km

Faites trembler le sol de l'Amérique en vous rendant à pas de géant à la **page 143.** ➡

Ne perdez pas de vue les crêtes distinctives du troupeau de *Lambeosaurus* qui vous conduira jusqu'à la **page 95.** ➡

Toutes griffes dehors, ruez-vous telle une meute de *Deinonychus* sur la **page 113.** ➡

Avec une longueur 27 m, *Diplodocus* fut l'un des plus longs animaux terrestres. On pense que ce dinosaure herbivore, qui vécut il y a 145 à 155 millions d'années, maintenait son long cou en position horizontale. On a retrouvé ses restes dans l'Ouest de l'Amérique du Nord.

Lambeosaurus était un dinosaure à bec de canard. Il aurait vécu au Canada, aux États-Unis et au Mexique il y a 73 à 80 millions d'années. Cet herbivore de 15 m de long possédait une étrange crête en forme de hachette et des centaines de dents disposées en rangées superposées.

Deinonychus était un dinosaure carnivore de 1,5 m de haut. Il y a 100 à 110 millions d'années, ce prédateur rapide et intelligent chassait probablement en groupe et pouvait s'attaquer à des proies plus grosses que lui. Ses fossiles ont été retrouvés aux États-Unis.

Votre cité se mire dans les eaux de la baie de Naples, qui s'ouvre sur la mer Méditerranée. En ce jour de fête, vous souriez à la perspective des affaires d'or qui vous attendent. Votre excitation est telle que, dans le petit appartement qui surmonte votre boulangerie, vous n'avez pas remarqué le léger entrechoquement de la vaisselle ni l'agitation inhabituelle de votre perroquet…

Après une matinée fructueuse où vous avez vendu pour 40 sesterces de miches de pain, vous vous dirigez vers les thermes (bains publics) pour relaxer et rencontrer des amis. En chemin, vous lisez avec intérêt les graffitis sur les murs de la rue principale. Ils exhibent les noms des gladiateurs qui s'affronteront aujourd'hui, à l'amphithéâtre.

Soudain, une explosion assourdissante ébranle les bâtiments et fait tomber les tuiles des toits. Regardez, un immense nuage de fumée s'élève du volcan qui surplombe la ville ! Le ciel s'obscurcit et, bientôt, une pluie de cendres et de roches volcaniques s'abat sur vous. Par Jupiter, sauve qui peut !

Heureusement, vous avez fui à temps. Mais tous n'auront pas votre chance. L'éruption du Vésuve en l'an 79 enfouit la cité sous plusieurs mètres de débris volcaniques. Ces derniers figeront dans le temps les rues, les bâtiments et des milliers de victimes. Ironie du sort, cette terrible tragédie fera le bonheur des archéologues en leur offrant, quelque 2 000 ans plus tard, une fenêtre sur le quotidien des habitants de l'Empire romain. Voici ce qui est sans doute le plus célèbre site archéologique du monde : Pompéi.

ruines de Pompéi

UNE VILLE FIGÉE DANS LE TEMPS

Au 19e siècle, l'archéologue italien Giuseppe Fiorelli entreprit des fouilles à l'emplacement de l'ancienne cité de Pompéi. Il mit au jour des rues et des bâtiments pratiquement intacts, protégés des assauts du temps par l'épaisse couche de lave et de cendres volcaniques projetées par le Vésuve. Les somptueuses villas avaient même conservé leurs mosaïques et leurs peintures murales. Les graffitis sur les murs de la ville et les pains carbonisés dans les fours des boulangers avaient également été préservés ! Quant aux corps des victimes de l'éruption, ils se sont décomposés en laissant leur empreinte dans la cendre durcie. Lorsque Fiorelli remplit ces cavités de plâtre, il obtint un moulage extrêmement détaillé des victimes.

Vers −750, un groupe de paysans s'établirent sur les bords du fleuve Tibre, qui traverse l'Italie. Ils fondèrent un village : Rome. Au troisième siècle avant notre ère, Rome était devenue une importante cité qui dominait toute l'Italie. En quelques siècles, les Romains se bâtirent un empire colossal en conquérant toutes les régions bordant la mer Méditerranée. L'Empire romain dura quelque 500 ans avant de s'effondrer, en l'an 476.

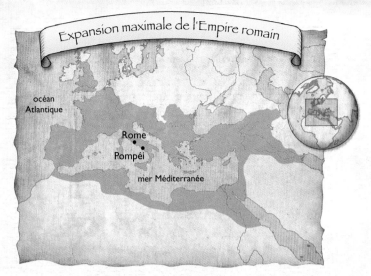

Expansion maximale de l'Empire romain

océan
Atlantique

Rome
Pompéi

mer Méditerranée

La vie dans les cités de l'Empire romain s'organisait autour des bâtiments publics. On se déplaçait aux thermes pour se détendre. On se distrayait en assistant à des combats de gladiateurs. Ceux-ci se tenaient dans un amphithéâtre, comme le splendide Colisée qui pouvait accueillir des dizaines de milliers de spectateurs. Les Romains les mieux nantis habitaient des villas somptueuses décorées de splendides fresques et mosaïques. Quant aux pauvres, ils étaient entassés dans des insulas (des immeubles à appartements).

Colisée de Rome

Les Romains étaient de véritables génies de la construction. Ils utilisaient du mortier, une sorte de colle pour lier les pierres ou les briques ensemble de façon à rendre leurs bâtiments pratiquement indestructibles. Ils conçurent également d'impressionnantes voûtes en forme d'arc qui arrivaient à soutenir des ouvrages monumentaux, tels que les ponts-aqueducs (qui permettaient d'acheminer l'eau des sources jusqu'au cœur des villes). Enfin, les Romains édifièrent un réseau de plus de 80 000 kilomètres de routes pavées. Certaines d'entre elles sont encore visibles aujourd'hui !

pont du Gard

Si vous visitez aujourd'hui les pays entourant la mer Méditerranée, vous y verrez plusieurs traces de l'immense Empire romain. Arcs de triomphe, amphithéâtres, ponts et aqueducs ne sont que quelques exemples des ouvrages qui ont défié le temps. Ne manquez pas de marcher sur les dalles d'une ancienne voie romaine. Vous aurez l'occasion de vérifier si tous les chemins mènent à Rome... ou à une lettre de l'énigme : **la septième lettre du nom d'un célèbre amphithéâtre romain.**

De l'Italie, vous pouvez vous rendre à...

8	6	15
Olympie, Grèce **700 km**	**plaine de Podravina,** **Croatie** **600 km**	**Troie, Turquie** **1 000 km**

Longez le fond des cours d'eau avec *Gerrothorax* et gobez, lorsqu'elle apparaîtra, la **page 69.** ➡

Filez à travers l'Europe, tel un petit *Compsognathus*, jusqu'à la **page 147.** ➡

Suivez la direction indiquée par un bébé *Scipionyx*, qui pointe une griffe vers la **page 135.** ➡

Gerrothorax est un amphibien géant qui vivait dans les lacs et les cours d'eau d'Europe il y a plus de 200 millions d'années. Cet étrange prédateur de 1 m de long possédait des branchies. Il les utilisait peut-être pour respirer au fond de l'eau, d'où il guettait ses proies.

Compsognathus figure parmi les plus petits dinosaures connus. Ce carnivore de la taille d'une dinde pesait à peine 5 kg. Agile et rapide, il chassait de petits animaux, comme les lézards. Les fossiles de *Compsognathus*, vieux de quelque 150 millions d'années, ont été retrouvés en Europe.

Scipionyx est un petit dinosaure carnivore qui vivait en Italie il y a 113 millions d'années. Le fossile d'un bébé *Scipionyx* de 23 cm de long figure parmi les restes de dinosaures les mieux préservés du monde. On peut voir l'empreinte des muscles et des organes internes !

Vous marchez sur un sol complètement asséché. L'augmentation de la température terrestre a provoqué l'abaissement du niveau des océans et l'évaporation de plusieurs lacs, marécages et mers intérieures. Plusieurs créatures aquatiques ont disparu, victimes de cette longue sécheresse.

Au fur et à mesure que vous évoluez dans cet environnement aride, vous découvrez les traces annonciatrices d'un règne nouveau. Un nid de roches cache deux gros œufs. Plus loin, vous découvrez un fragment de peau couverte d'écailles. Enfin, des empreintes qui semblent appartenir à des animaux lourds et robustes apparaissent sur le sol poussiéreux. Suivez-les…

Les traces vous conduisent bientôt à de grosses bêtes qui ont la taille de rhinocéros. Trop occupées à se vautrer sous les chauds rayons du Soleil, ces créatures, qui semblent s'accommoder de la sécheresse, n'ont pas remarqué votre présence…

Attention ! Traitez ces colosses avec respect ! Car bien qu'ils soient pour le moment de taille « modeste », ils domineront le monde pendant plus de 200 millions d'années. Voici venu le règne des reptiles !

•••

Il y a environ 300 millions d'années, certains amphibiens évoluèrent pour donner naissance aux premiers reptiles, un groupe qui comprend aujourd'hui les serpents, les lézards, les tortues et les crocodiles. Au Permien, c'est-à-dire la période de l'histoire de la Terre qui s'étend entre −299 et −251 millions d'années, le climat devint chaud et sec. Les reptiles se développèrent alors de façon spectaculaire, au détriment des créatures aquatiques telles que les poissons et les amphibiens, qui dominaient auparavant le monde. Les reptiles étaient bien adaptés à la sécheresse du Permien. Leurs membres solides leur permettaient de progresser sur les terrains secs, leur peau épaisse et écailleuse les protégeait de la chaleur et leurs œufs résistaient au manque d'eau. Les reptiles étaient alors divisés en trois groupes : les anapsides (ancêtres des tortues), les diapsides (ancêtres des lézards, des serpents, des crocodiles, des dinosaures et des oiseaux) et les synapsides, aussi appelés reptiles mammaliens (ancêtres des mammifères). Les reptiles mammaliens étaient nombreux et dominaient les autres reptiles du Permien.

▲
Hylonomus
Hylonomus est un des premiers reptiles à avoir foulé la terre ferme, il y a plus de 300 millions d'années. Cet anapside agile et élancé, qui ressemblait à un lézard, mesurait environ 20 centimètres de long. Il possédait une petite tête et des membres aux doigts sans palmure.

dimétrodon ▶

Le dimétrodon était un reptile mammalien de près de 2 mètres de long. Ce carnivore portait une large crête sur le dos. Cette structure servait probablement à capter les rayons du Soleil par temps froid et à libérer l'excès de chaleur par temps chaud.

▲
Moschops
Moschops était un gros reptile mammalien herbivore. Il mesurait environ 4 mètres de long.

▲
Anteosaurus
Anteosaurus était un carnivore redoutable dont la taille était comparable à celle de *Moschops*, sa proie potentielle. Cet énorme reptile mammalien était muni de puissantes mâchoires garnies de longues dents en forme de poignards.

LES REPTILES DU KAROO

Depuis les années 1820, les fouilles menées dans la région du Karoo, en Afrique du Sud, ont révélé des milliers de fossiles de reptiles primitifs, principalement des reptiles mammaliens, âgés de plus de 200 millions d'années. Plusieurs squelettes sont complets, ce qui permet de reconstituer les animaux dans leurs moindres détails.

43

Aujourd'hui, le Karoo sud-africain n'est pas moins aride qu'à l'époque où régnaient les gros reptiles mammaliens. Sur ce plateau parsemé de montagnes colorées et d'arbustes aux formes étranges, la présence humaine est rare. Le silence de ce désert immense est uniquement rompu par le grincement des pales des éoliennes, qui tournent lentement. Elles fournissent l'énergie nécessaire pour pomper l'eau du sous-sol. Qui sait, l'une de ces éoliennes pourrait ramener à la surface, non pas un vieux reptile, mais une lettre de l'énigme : **la septième lettre du nom donné à un des premiers reptiles à avoir foulé la terre ferme.**

 À partir du Karoo, vous pouvez vous rendre à...

34	13	24
Neuquén, Argentine **7 700 km**	**Olduvai, Tanzanie** **3 600 km**	**Ediacara, Australie** **10 400 km**

Faites trempette dans l'océan et suivez un conodonte jusqu'à la **page 121.** ➤

Grâce à votre dentition spécialisée, nourrissez-vous de toutes sortes de plantes sur le chemin de la **page 91.** ➤

Pataugez dans l'eau avec *Triadobatrachus* avant de faire un grand saut à la **page 103.** ➤

Les conodontes étaient des poissons primitifs munis d'un corps de serpent mesurant quelques centimètres. Ils évoluèrent dans les océans il y a 230 à 540 millions d'années. Des sortes de dents, qui étaient situées dans leur gorge, ont été retrouvées en abondance à l'état fossile.

Heterodontosaurus était un dinosaure herbivore de la taille d'un chien qui possédait, comme les mammifères, trois types de dents : des dents tranchantes, des dents pour broyer et de longues dents semblables à des canines. Il vivait en Afrique il y a environ 200 millions d'années.

Triadobatrachus était une grenouille primitive qui vécut à Madagascar (une grande île située au sud-est de l'Afrique) il y a quelque 250 millions d'années, c'est-à-dire avant l'apparition des dinosaures. Cet amphibien mesurait une dizaine de centimètres de long, incluant sa courte queue.

Désolé ! Vous n'irez pas bien loin avec les *Archaeocyatha*. En effet, ces animaux aux formes originales et variées vivent fixés sur les récifs du fond marin, un peu comme les éponges. Les minuscules trous qui recouvrent leur squelette calcaire leur permettent de filtrer, sans bouger, les nutriments contenus dans l'eau. Pour poursuivre votre aventure, choisissez un autre mode de déplacement à la page 142. ➤

Même si l'ours des cavernes est végétarien, il est tout de même l'un des plus grands ennemis de l'homme préhistorique. En effet, tous deux se disputent le même abri : la grotte. Or l'hiver approche et plusieurs cavernes sur le chemin de l'Asie sont accaparées par les ours, qui ont commencé leur période d'hibernation. Comme vous n'oserez jamais déranger le sommeil d'un géant pesant quelque 500 kilogrammes, choisissez un autre mode de déplacement à la page 132. ➤

Vous êtes l'un des combattants de l'imposante armée de l'empereur Ashoka. Depuis qu'il a accédé au trône, le souverain indien n'a qu'un seul but : étendre son empire. Vous faites maintenant partie de sa campagne visant à assujettir le petit royaume de Kalinga, qui borde l'océan Indien. Ashoka, en personne, dirige la marche !

Le royaume de Kalinga, fier de son indépendance, vous oppose une résistance farouche. Si bien qu'après un combat particulièrement sanglant, le pays est complètement ravagé. Les cadavres de dizaines de milliers de soldats, de chevaux et d'éléphants jonchent le champ de bataille. Autour de vous, les habitations sont en ruines et les enfants en pleurs. La victoire est bien amère... Devant tant de souffrances et d'atrocités, votre souverain s'écrie :

— Qu'ai-je fait !

Les remords et l'affliction le font alors changer du tout au tout...

À partir de ce moment, Ashoka renoncera aux guerres et aux conquêtes pour se consacrer au bien-être de son peuple. Cet empereur auparavant cruel deviendra un souverain exemplaire ! Ses messages de non-violence, de compassion et de tolérance seront gravés dans de multiples lieux publics, sur des rochers et de grandes colonnes appelées piliers. Vous voici à l'apogée de l'Empire maurya.

pilier d'Ashoka

•••

Au 4ᵉ siècle avant notre ère, le Nord de l'Inde était constitué de plusieurs petits royaumes rivaux. Vers –322, Chandragupta Maurya, un jeune guerrier indien à la tête du royaume de Magadha, conquit les royaumes voisins et fonda l'Empire maurya. Vers –270, son petit-fils Ashoka accéda au pouvoir. Ashoka fut d'abord un souverain très sévère. Il mit en place des lois répressives et chercha constamment la guerre. Mais sa bataille contre le royaume de Kalinga fut si sanglante qu'il en sortit complètement bouleversé. Il décida alors de pratiquer le bouddhisme et d'insuffler un message de paix à son peuple, jusqu'à la fin de sa vie.

LE BOUDDHISME

Le bouddhisme est une religion qui est née en Inde vers le 5ᵉ siècle avant notre ère. Son fondateur est Siddhárta Gautama, aussi appelé Bouddha. Ce dernier enseignait les moyens de se libérer des douleurs de la vie grâce, entre autres, à l'oubli de soi, à la compassion et au détachement des biens matériels.

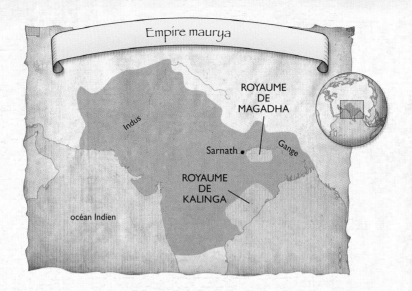

Empire maurya

ROYAUME DE MAGADHA

Indus

Sarnath •

Gange

ROYAUME DE KALINGA

océan Indien

Pour prouver sa bonne foi et suivre les préceptes bouddhistes, Ashoka instaura des universités et des hôpitaux accessibles à tous. Il fit distribuer de la nourriture aux malades et aux pauvres. Il fit ériger des puits, des bains publics, des gîtes pour les voyageurs et des systèmes d'irrigation destinés aux agriculteurs. Ashoka considérait que tout être vivant était une créature sacrée. Il fonda des cliniques vétérinaires et interdit les sacrifices rituels d'animaux. Il encouragea également le végétarisme, c'est-à-dire un régime alimentaire sans viande. Enfin, malgré sa conversion au bouddhisme, Ashoka était tolérant envers les adeptes des autres religions. Ceux-ci pouvaient pratiquer librement leur culte.

LES PILIERS D'ASHOKA

Les archéologues ont découvert et déchiffré les messages inscrits sur les nombreux piliers en grès poli, érigés au cours du règne d'Ashoka. Ces écrits encouragent la paix, la générosité et le respect des autres. Le pilier le plus célèbre est celui de Sarnath, dans le Nord-Est de l'Inde. Sa partie supérieure (aujourd'hui conservée dans un musée) était ornée de lions, symboles de la royauté, et de roues, symbole du bouddhisme.

Rendez-vous dans le Nord de l'Inde pour suivre le cours du Gange, un fleuve sacré. Selon la religion hindouiste, une baignade dans le Gange permet de laver les péchés. Si l'envie de vous « purifier » vous prend, songez toutefois que ce fleuve est aujourd'hui l'un des plus pollués du monde. Plus d'un milliard de litres d'eaux usées y sont déversés chaque jour ! Et la quantité de bactéries nuisibles y est plus de 3 000 fois supérieure à la limite recommandée pour la baignade par l'Organisation mondiale de la santé !

De l'Inde, vous pouvez vous rendre à…

18	21	23
Mohenjo-Daro, Pakistan 1 900 km	**Xianyang, Chine** 3 000 km	**Terre d'Arnhem, Australie** 6 500 km

Évitez de rencontrer le Yéti en traversant les montagnes de l'Himalaya pour vous rendre à la **page 81.** ➡

Dressez vos capteurs solaires et emmagasinez un peu de chaleur avant d'atteindre la **page 11.** ⬅

Rampez le long des fonds marins et traversez le temps jusqu'à la **page 59.** ➡

Gigantopithecus est le plus gros primate connu. Debout, il pouvait atteindre 3 m (presque deux fois la hauteur d'un humain) ! Ce géant vivait en Asie il y a environ 1 à 6 millions d'années. Certaines personnes croient qu'il erre toujours dans l'Himalaya sous le nom de Yéti…

Les stégosaures sont un groupe de dinosaures apparu en Asie il y a quelque 200 millions d'années. Ces herbivores possédaient des plaques dorsales qui servaient peut-être à capter l'énergie solaire et à évacuer l'excès de chaleur. Certaines espèces portaient des épines défensives sur la queue.

Les limules sont apparues dans les mers il y a près de 500 millions d'années ! Ces animaux très anciens apparentés aux araignées et aux scorpions ont un corps recouvert d'un bouclier. Quatre espèces de limules ont défié le temps et vivent aujourd'hui en Amérique du Nord et en Asie.

V ous voici à plus de 3 000 mètres d'altitude. Votre caravane de lamas achemine des vivres à la plus prestigieuse cité des Andes : Chavín de Huantar. Celle-ci est stratégiquement située entre la jungle et l'océan, au carrefour de plusieurs routes commerciales. On peut y échanger des produits en provenance de la mer, de la montagne ou de la forêt tropicale. Chavín de Huantar est également un sanctuaire sacré. La cité héberge El Lanzón, le « dieu-souriant ». Vous espérez l'interroger sur votre avenir ainsi que sur la façon de combattre vos accès de toux.

Vous vous retrouvez bientôt dans les galeries souterraines de l'imposant temple en pierre de la cité. Au cœur de ce dédale, vous tombez face à face avec un monstre dont la taille dépasse 4 mètres de haut ! Votre sang se fige. Serait-ce El Lanzón ? Avec ses yeux énormes, ses crocs de fauve et sa chevelure faite de serpents, la créature est loin d'évoquer un dieu souriant ! C'est pourtant bien lui... L'émotion est si forte que vous êtes incapable de retenir une quinte de toux. C'est alors que le dieu lance d'une voix puissante :

— Silence !

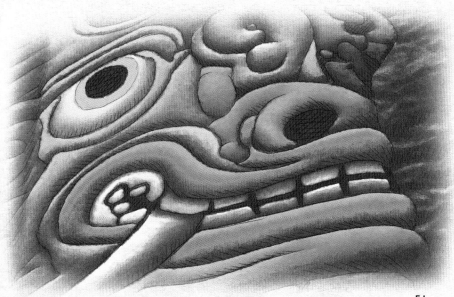

Pas de panique ! Le dieu terrifiant qui vous fait face est une sculpture de pierre magnifiquement travaillée. La voix que vous entendez est toutefois bien réelle… Elle appartient à un prêtre caché dans la galerie supérieure. Celui-ci parle au nom d'El Lanzón à travers un trou percé au plafond. La statue du Lanzón et le temple qui l'héberge font partie des ouvrages extraordinaires réalisés par l'une des premières grandes civilisations de l'Amérique du Sud : les Chavín.

El Lanzón

CHAVÍN DE HUANTAR

Les archéologues qui effectuèrent des fouilles à Chavín de Huantar pour la première fois, en 1919, trouvèrent les vestiges d'un temple monumental. Sous les ruines de ce temple, ils découvrirent des galeries souterraines, véritable labyrinthe de pièces et de couloirs. La galerie centrale abritait El Lanzón, une magnifique sculpture en granit. Dressée sur toute la hauteur de la chambre, la statue représentait un dieu effrayant, mais pourtant fort vénéré. Plusieurs archéologues croient que des pèlerins en provenance des quatre coins des Andes visitaient Chavín de Huantar pour interroger El Lanzón sur l'avenir.

ruines du temple, Chavín de Huantar

La civilisation chavín vit le jour aux environs de −1500 dans un site qui porte le nom de Chavín de Huantar, dans la cordillère des Andes, au Pérou. Chavín de Huantar s'épanouit véritablement à partir de −900. À son apogée, la cité abritait près de 4 000 habitants. Elle déclina peu à peu vers −200. L'art, la religion, le génie technique et le réseau commercial des Chavín ont grandement influencé les peuples des Andes et de la côte péruvienne.

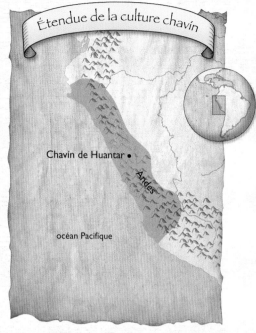

Étendue de la culture chavín

Chavín de Huantar •

Andes

océan Pacifique

La civilisation chavín innova dans de nombreux domaines. L'architecture du temple de Chavín de Huantar montre que ce peuple maîtrisait parfaitement les techniques de la taille et de l'assemblage des blocs de pierre. Ils étaient aussi des artistes extrêmement doués. Des sculptures en pierre spectaculaires représentant leurs dieux mi-hommes mi-animaux ornaient les murs extérieurs et les galeries souterraines du temple de Chavín de Huantar. Les Chavín étaient très habiles pour modeler des poteries. Ils tissaient merveilleusement le coton et décoraient leurs étoffes de figures géométriques très colorées. La civilisation chavín aurait même été la première en Amérique à travailler l'or pour le transformer en divers objets. Ce peuple semble également avoir été le premier sur ce continent à souder les métaux. Le savoir-faire chavín sera reproduit par de nombreuses civilisations sud-américaines, comme celle des Incas qui vit le jour plusieurs siècles plus tard. C'est pourquoi plusieurs archéologues considèrent les Chavín comme une civilisation-mère.

plaque chavín en or

Au 20e siècle, les archéologues ont découvert dans le désert côtier péruvien des cimetières appartenant au peuple paracas. Celui-ci vivait environ à la même époque que la civilisation chavín et son art textile fut grandement influencé par cette dernière.

Ainsi, des tombes paracas ont révélé des banderoles en coton multicolores arborant des dieux chavín. Ces merveilleux tissus ont été parfaitement préservés grâce à l'environnement aride de la côte. Certaines étoffes fabriquées par les Paracas enrobent des momies millénaires... Chut ! L'une d'elles pourrait vous souffler une lettre de l'énigme : **la cinquième lettre du nom du pays où s'est épanouie la civilisation chavín.**

 De la cordillère des Andes, vous pouvez vous rendre à...

31	33	9
Copán, Honduras **3 000 km**	**vallée de la Lune, Argentine** **2 500 km**	**Carthage, Tunisie** **10 400 km**

Imitez *Phoberomys* et faites-vous les dents sur la **page 95.** ➡

Macrauchenia, qui a du nez, saura vous guider jusqu'à la **page 15.** ⬅

Transformez-vous en crocodile monstre et rôdez dans les flots, à l'affût d'une proie, jusqu'à la **page 77.** ➡

Phoberomys pattersoni est le plus gros rongeur de tous les temps. Ce mammifère apparenté aux rats pouvait peser près de 700 kg et mesurer 3 m de long, soit la grosseur d'un bison ! Il vivait en Amérique du Sud il y a quelque 8 millions d'années.

Macrauchenia était un étrange mammifère de 3 m de long qui ressemblait à un chameau. Ce gros herbivore possédait de longues pattes, un long cou et une petite trompe. Il vivait en Amérique du Sud il y a plus de 10 000 ans.

Sarcosuchus était un crocodile géant qui pouvait mesurer 12 m (la longueur d'un autobus) et peser près de 10 tonnes. Il mangeait de tout, même des dinosaures ! Les fossiles de ce monstre ont été découverts en Amérique du Sud et en Afrique et datent d'environ 110 millions d'années.

La montée du niveau des océans a provoqué l'inondation des côtes et l'apparition, sur les continents, d'une multitude de marécages et de mers intérieures. Le climat chaud et humide a favorisé le développement des plantes, qui poussent en abondance.

Si vous croyez qu'il fait bon vivre dans cet environnement verdoyant, détrompez-vous ! Vous voici à une époque où le danger vous guette de toute part et où votre espérance de vie est bien courte… Les dinosaures herbivores, qui sont devenus énormes grâce au foisonnement des végétaux, manquent à chaque instant de vous piétiner. Ils sont poursuivis par de gros dinosaures carnivores à la vue desquels votre sang se glace. Ce n'est pas tout. Dans le ciel, des ptérosaures vous ont repéré et foncent sur vous en déployant leurs larges ailes de peau. Vous pensez vous en sortir en vous réfugiant dans l'océan ?

Mal vous en prend car, sous leur couverture de brume, les mers sont peuplées de monstres tout aussi terrifiants, sinon plus…

Les monstres en question, qui ont des allures de dragons marins, mesurent jusqu'à une quinzaine de mètres de long ! Ils possèdent de grandes nageoires semblables à des ailes et des mâchoires puissantes garnies de longues dents acérées comme des poignards. Ces prédateurs, sans doute les plus gros de tous les temps, ne sont pas des bêtes mythiques, mais de gigantesques et authentiques reptiles marins.

•••

De nombreux reptiles peuplaient les mers du Jurassique, la période de l'histoire terrestre qui s'étend de −200 à −146 millions d'années. Les ichtyosaures étaient des «reptiles-poissons» qui ressemblaient à des dauphins. Ils nageaient en bancs dans les eaux peu profondes et furent les premiers reptiles parfaitement adaptés à la vie marine. D'autres géants des mers, nommés plésiosaures, fendaient les flots à vive allure grâce à leurs puissantes nageoires. Ces reptiles au long cou capturaient leurs proies en lançant leur tête comme un hameçon dans un banc de poissons. Les pliosaures étaient des plésiosaures à cou court. Avec leurs dents de 30 centimètres de long, ils étaient les plus gros et les plus féroces prédateurs marins.

MARY ANNING, JEUNE COLLECTIONNEUSE DE FOSSILES

Mary Anning fut l'une des premières et certainement l'une des plus jeunes collectionneuses de fossiles du monde. Son village, Lyme Regis, se trouvait sur le bord de la mer, dans le Sud de l'Angleterre. Les falaises de Lyme Regis abritaient une multitude de fossiles, dont ceux de grands reptiles marins. En 1811, alors qu'elle était âgée de seulement 12 ans, Mary trouva le premier squelette fossile d'un ichtyosaure. Elle découvrit aussi le premier squelette fossile presque complet d'un plésiosaure.

Elasmosaurus ▶
Elasmosaurus était un plésiosaure dont la taille atteignait 15 mètres de long. Son cou pouvait mesurer 5 mètres !

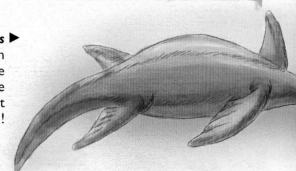

LES PREMIERS OISEAUX

Les premiers oiseaux que nous connaissions sont apparus dans le ciel du Jurassique, il y a environ 150 millions d'années. *Archaeopteryx* (nom qui signifie «ailes anciennes») serait l'un de ces premiers oiseaux. Comme les dinosaures de son époque, il possédait une longue queue, des dents et des griffes. Ce carnivore de la taille d'un pigeon possédait également des ailes de 60 centimètres d'envergure, recouvertes de plumes semblables à celles des oiseaux modernes. Plusieurs scientifiques sont donc d'avis que les oiseaux sont les descendants directs des dinosaures du Jurassique !

▲ **Shonisaurus**
Shonisaurus était le plus grand ichtyosaure du Jurassique. Ce prédateur pouvait mesurer plus de 15 mètres de long.

▲ **Liopleurodon**
Liopleurodon était un pliosaure. Ce redoutable carnivore pouvait atteindre 15 mètres de long.

Les gigantesques reptiles marins ont disparu en même temps que les dinosaures, il y a environ 65 millions d'années. Mais les découvertes de leurs fossiles, depuis le 18ᵉ siècle, ont enflammé l'imagination populaire. Si bien que dans les Highlands de l'Écosse, des centaines de personnes prétendent avoir vu un monstre au long cou émerger du loch (lac) Ness. Dépêchez-vous de gagner ses eaux troubles. Vous pourriez entrevoir, avec un peu d'imagination, un plésiosaure sorti tout droit du Jurassique…

À partir de Lyme Regis, vous pouvez vous rendre à…

5	3	1
Hallstatt, Autriche 1 200 km	**vallée de la Vézère, France** 700 km	**East Kirkton, Écosse** 600 km

Mettez le nez à l'eau et flânez dans l'océan avec *Pteraspis* en direction de la
page 107. ➡

Inspirez-vous de *Mosasaurus*, l'un des derniers monstres marins, pour engouffrer la
page 7. ⬅

Empruntez l'épais manteau du rhinocéros laineux et marchez vers le nord jusqu'à la
page 85. ➡

Pteraspis était un poisson primitif dépourvu de mâchoire. Il vivait dans les mers peu profondes de l'hémisphère Nord il y a quelque 400 millions d'années. Ce petit carnivore de 16 cm possédait un épais bouclier osseux, des épines et un museau pointu.

Les mosasaures étaient des reptiles géants qui nageaient dans les eaux peu profondes de l'Amérique du Nord et de l'Europe, il y a 65 à 95 millions d'années. Ces carnivores étaient les plus redoutables prédateurs marins de leur époque. *Mosasaurus* pouvait mesurer 15 mètres de long !

Le rhinocéros laineux vivait en Europe et en Asie à l'ère des grandes glaciations, il y a 10 000 à 400 000 ans. Cet herbivore qui pesait 2 tonnes et mesurait 3,5 m de long était parfaitement adapté au climat froid grâce à son corps trapu et sa fourrure épaisse.

Des esprits créèrent la Terre au Temps du rêve, ou au commencement des temps. Celle-ci était alors dénudée et plongée dans le froid et l'obscurité. Les esprits réveillèrent la déesse du Soleil, qui la réchauffa aussitôt de ses chauds rayons. La chaleur fit fondre la glace et la planète se couvrit d'eau. Les esprits firent alors appel au grand Serpent Arc-en-ciel. Celui-ci parcourut le monde. Ses déplacements façonnèrent des montagnes ainsi que des creux qui recueillirent l'eau pour former des rivières, des lacs et des mers. Puis, les esprits du Temps du rêve créèrent les plantes et les animaux.

Enfin, Baiame, le Grand Esprit, descendit sur la Terre et créa les humains de la première tribu… dont vous faites partie ! Il vous donna une portion de son intelligence suprême, mais surtout, il vous donna la mémoire…

Des dizaines de milliers d'années plus tard, vos descendants auront conservé la mémoire donnée par Baiame et auront perpétué vos valeurs et vos traditions. Ils formeront la plus ancienne culture vivante de l'humanité, celle du peuple aborigène.

•••

aborigène

Il y a environ 50 000 ans, la Terre connaissait une grande glaciation et le niveau des mers était beaucoup plus bas qu'aujourd'hui. Des humains auraient alors quitté l'Asie en empruntant un étroit bras de mer qui reliait le continent à l'Australie. Ils devinrent les premiers habitants (ou aborigènes) de ce pays.

Les aborigènes d'Australie ont longtemps vécu uniquement de la chasse, de la pêche et de la cueillette de fruits sauvages. Les tribus étaient nomades puisque, pour trouver suffisamment de nourriture, il leur fallait se déplacer sur un vaste territoire. Les hommes chassaient le gros gibier comme les kangourous et les émeus (de grands oiseaux qui ressemblent aux autruches). Les femmes, de leur côté, étaient responsables de la cueillette et de la chasse aux petits animaux tels que les lézards et les serpents. Les aborigènes fabriquaient des outils et des armes facilement transportables, comme des couteaux, des hachettes, des boomerangs, des massues et des javelines (de petites lances légères qui possédaient une pointe en silex et servaient à chasser le kangourou).

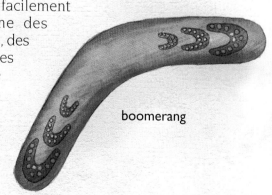
boomerang

javeline

Dans la culture aborigène, le savoir et les légendes sur la création de la Terre se sont transmis de génération en génération, que ce soit oralement ou à l'aide de peintures rupestres (exécutées sur les rochers). Certaines peintures remontent à plus de 20 000 ans ! De nos jours, plusieurs tribus aborigènes croient toujours que leurs terres et leurs modes de vie ont été créés par les Esprits du « Temps du rêve ».

peinture aborigène

À LA RECHERCHE DE LA PREMIÈRE TRIBU

Des vestiges de campements aborigènes qui datent de près de 50 000 ans ont été retrouvés dans le creux d'une falaise, en Terre d'Arnhem, dans le Nord de l'Australie. Quant aux plus vieux ossements aborigènes, ils ont été déterrés sur les rives de l'ancien lac Mungo (aujourd'hui asséché), dans le Sud-Est de l'Australie. Les paléontologues ont estimé leur âge à environ 40 000 ans.

Partez dans la brousse australienne à la découverte des peintures aborigènes. Elles vous en apprendront beaucoup sur le Temps du rêve et les esprits qui l'habitaient. Attention ! Lors de votre périple, tenez-vous loin des mares et des marécages. Ces étendues d'eaux calmes peuvent cacher un Bunyip ! Ce monstre aborigène légendaire ne ferait qu'une bouchée de vous. Chut ! Entendez-vous au loin son cri à glacer le sang ? Tendez l'oreille ! Ce hurlement, bien que terrifiant, pourrait vous révéler une lettre de l'énigme : **la deuxième lettre du nom du lac près duquel furent déterrés les plus vieux ossements aborigènes.**

De la Terre d'Arnhem, vous pouvez vous rendre à...

13	19	24
Olduvai (Tanzanie) 10 800 km	**Kalinga (Inde)** 6 500 km	**Ediacara (Australie)** 2 000 km

Faites connaissance avec les anciens habitants des récifs de coraux au cours de votre périple vers la **page 91.** ➜

Comme les ancêtres des baleines, apprivoisez lentement l'océan pour atteindre la **page 47.** ◀

Imitez *Wonambi* et enlacez « tendrement » la **page 103.** ➜

Gyrodus était un poisson circulaire, mince et rapide qui vivait près des récifs de coraux il y a 97 à 187 millions d'années. Ce carnivore de près de 1 m de long utilisait probablement ses mâchoires en forme de bec pour broyer les coraux.

Kutchicetus est un ancêtre probable des baleines. Ce mammifère de la taille d'une loutre possédait quatre pattes palmées et une longue gueule qui l'aidaient à happer les poissons en eau peu profonde. Ses fossiles ont été retrouvés en Inde et datent d'environ 45 millions d'années.

Wonambi, qui signifie serpent arc-en-ciel en langue aborigène, était un serpent australien qui mesurait 5 à 6 m de long. Ce géant tuait ses proies en s'enroulant autour d'elles pour les étouffer. *Wonambi* a sans doute côtoyé les premiers aborigènes ! Il disparut il y a moins de 50 000 ans.

L e port de la cité d'Our est bondé. Des princes en provenance de toute la Mésopotamie viennent de débarquer pour assister à la procession royale. Scribes, maçons, boulangers, tisserands et potiers ont fermé boutique pour se mêler à la foule qui inonde les rues. Tous attendent avec effervescence le passage du cortège.

Ça y est ! Vous apercevez les prêtres qui ouvrent la marche. Ils sont suivis par les joueurs de luth, de lyre et de tambourins. Regardez ! La reine Puabi apparaît dans toute sa splendeur. Elle est coiffée d'un magnifique couvre-chef en feuilles d'or. Son corps est couvert des plus somptueux joyaux du monde. La souveraine est entourée de ses courtisans, richement vêtus, et de ses gardes armés de lances en or.

Ne soyez pas si enjoué. Vous avez devant vous un cortège… funèbre. Dans le cimetière royal, une grande tombe est prête à recevoir la défunte reine. Ses gardes, musiciens et autres serviteurs l'y rejoindront sous peu… bien qu'ils soient encore vivants ! Ils ont en effet entre les mains une coupe remplie d'un poison mortel, qu'ils boiront en signe de fidélité à leur souveraine. Bientôt, ils serviront Sa Majesté dans l'au-delà…

La coutume de cette cité veut que chaque fois qu'un souverain rend l'âme, ses serviteurs doivent l'accompagner en se donnant la mort. Cette cérémonie macabre fait partie des rites d'un peuple pourtant fort inventif et prospère. Les gens qui vous entourent sont ceux qui ont constitué la première civilisation de l'humanité! Bienvenue en Mésopotamie, chez les Sumériens.

•••

La Mésopotamie est une ancienne région comprise entre le Tigre et l'Euphrate, deux fleuves de l'actuel Irak. Vers –5000, les habitants de Sumer, un territoire situé dans le Sud de la Mésopotamie, inventèrent l'irrigation. Cette technique consiste à arroser artificiellement les champs cultivés à l'aide de canaux, de réservoirs et de barrages. Grâce à la maîtrise de l'irrigation, les terres devinrent plus fertiles, les cultures se diversifièrent et la population augmenta. Les villages devinrent des villes qui se transformèrent bientôt en cités-États. Les Sumériens donnèrent ainsi naissance, vers –3500, à la toute première civilisation.

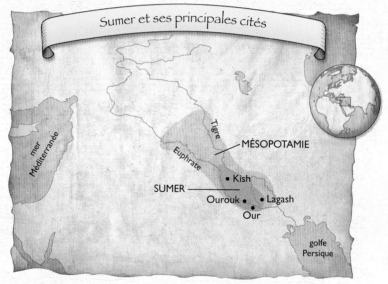

Sumer et ses principales cités

mer Méditerranée

Tigre

Euphrate

MÉSOPOTAMIE

SUMER

• Kish

Ourouk • • Lagash

Our

golfe Persique

Outre les techniques d'irrigation, les Sumériens sont à l'origine d'une multitude d'autres inventions importantes dans l'histoire de l'humanité. Ils ont conçu la toute première forme d'écriture. Celle-ci servait à noter les échanges de marchandises entre commerçants. La roue est une autre grande invention sumérienne. La première roue faisait partie d'un tour de potier. Ce plateau rotatif permettait de façonner l'argile pour fabriquer des pots. Plus tard, les Sumériens eurent l'idée d'utiliser la roue pour le transport des marchandises et conçurent les premières voitures tirées par des animaux. Les habitants de Sumer étaient également de grands architectes. Ils construisirent les premiers grands monuments, des temples à étages appelés ziggourats.

On doit aussi à cette civilisation le premier calendrier lunaire, les premières opérations mathématiques, le premier système de lois et la première forme de gouvernement. C'est pour toutes ces raisons (et bien d'autres encore) que les historiens considèrent Sumer comme le berceau de la civilisation humaine.

LA CITÉ-ÉTAT D'OUR

Au début des années 1920, l'archéologue britannique sir Charles Leonard Woolley entreprit des fouilles dans la cité d'Our, qui connut son apogée au troisième millénaire avant notre ère. Ses découvertes firent grandement avancer nos connaissances sur la civilisation sumérienne. Il mit au jour des temples, une multitude de maisons et des rues étroites. Woolley trouva également plus de 1 800 tombes, dont 16 tombeaux royaux. Plusieurs avaient été pillées depuis longtemps, mais certaines regorgeaient d'objets finement décorés d'or, d'argent, de bronze ou de pierres fines. Ces trésors sont autant de témoignages de la richesse de cette cité. Woolley découvrit également les indices de rites sacrificiels : plusieurs souverains avaient été enterrés avec leur suite de serviteurs…

▲ L'Étendard d'Our est une boîte en bois mise au jour lors des fouilles du cimetière royal d'Our. Il illustre deux tranches de vie sumériennes : d'un côté un banquet royal et de l'autre une armée en marche. On pense que cet objet de grande valeur faisait partie d'un instrument de musique, peut-être une lyre.

Avec le temps, le fleuve Euphrate, qui fit la richesse d'Our, changea son cours et s'éloigna de la cité. Privée d'irrigation et de voie navigable, la ville fut peu à peu désertée et ensevelie sous le sable du désert. Aujourd'hui, Our renaît. Une équipe d'archéologues et d'ouvriers ont reconstruit, à partir des ruines, une bonne partie de la ziggourat dédiée au dieu-lune Nanna. Montez les marches qui mènent vers le plus haut palier. Qui sait, Nanna pourrait vous dévoiler une lettre de l'énigme : **la quatrième lettre du nom de famille de l'archéologue qui entreprit des fouilles dans la cité d'Our.**

À partir d'Our, vous pouvez vous rendre à...

16	11	20
Jéricho, Palestine **1 000 km**	**Thèbes, Égypte** **1 400 km**	**Arzhan, Russie** **4 500 km**

Attendez la tombée du jour pour accompagner une bande de créodontes en chasse vers la **page 89.** ➡

Ne cassez pas les pieds au mille-pattes qui en a déjà plein les pattes d'aller à la **page 151.** ➡

Comme un *Ornithomimus*, prenez vos jambes à votre cou et filez vers la **page 99.** ➡

Les créodontes, qui vécurent dans l'hémisphère Nord il y a environ 5 à 60 millions d'années, sont parmi les premiers gros mammifères mangeurs de viande. Ils évoluèrent séparément du groupe des Carnivores, qui inclut aujourd'hui les ours, les loups, les chiens et les félins.

Les mille-pattes furent probablement les premiers animaux à posséder un système respiratoire permettant de respirer de l'air. Ces animaux aux multiples pattes, qui sont apparus il y a plus de 400 millions d'années, figurent donc parmi les plus anciens animaux terrestres.

Ornithomimus était un dinosaure qui ressemblait à une autruche. Ses longues jambes de sprinteur lui permettaient d'atteindre des vitesses de 50 km/h ! Les fossiles d'*Ornithomimus*, vieux de 65 à 75 millions d'années, ont été déterrés en Asie, en Europe et en Amérique du Nord.

Malheureux! Vous vous êtes aventuré dans une partie de chasse où VOUS êtes la proie! *Allosaurus* est sans doute le prédateur le plus redouté de son époque. Vous n'êtes pas mieux que mort si vous tombez sous ses puissantes mâchoires ou sous ses griffes crochues de 15 centimètres de long… Par chance, *Allosaurus* n'est pas un coureur rapide. Vous lui échapperez de justesse en effectuant un sprint jusqu'à la page 113. ➤

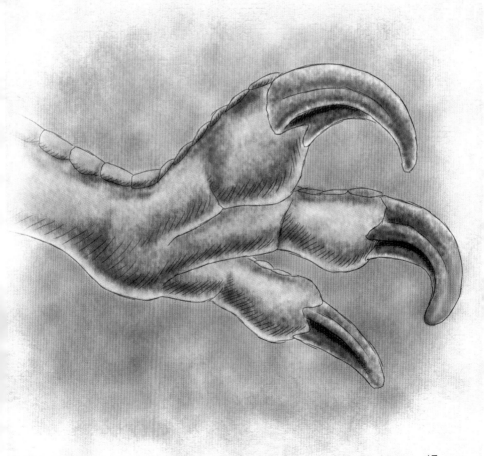

C'est un exploit périlleux que de tenir compagnie au plus gros requin de tous les temps… N'oubliez pas que chaque dent de *Megalodon* est un véritable poignard et a la taille de la main d'un homme. Ce n'est pas tout. Ce monstre qui mesure une quinzaine de mètres possède des mâchoires qui s'ouvrent sur une hauteur et une largeur de plus de 2 mètres, soit assez pour vous avaler tout rond… Si vous tenez à votre peau, nagez à perdre haleine jusqu'aux îles les plus proches, à la page 139. ➤

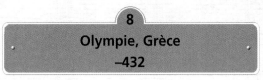

V ous voici au cœur d'une campagne verdoyante traversée par le fleuve Alphée. Dans ce paysage enchanteur a lieu un festival qui rend hommage à Zeus, le roi des dieux ! Vous avez été convié à cette importante cérémonie religieuse, de même que plusieurs autres participants en provenance d'Europe, du Moyen-Orient et d'Afrique. L'importance de l'événement est telle que même les guerres entre les cités ont été interrompues !

Les festivités commencent dans l'enceinte sacrée, devant le temple de Zeus. Après le sacrifice des bœufs sur l'autel, les représentants des diverses cités présentent leurs offrandes, qui s'ajoutent aux nombreux trésors du sanctuaire.

C'est maintenant à vous d'entrer en scène… Dirigez-vous vers la grande piste. Des dizaines de milliers de spectateurs vous attendent. Ils sont venus vous voir courir dans votre plus simple appareil… c'est-à-dire complètement nu ! Mais à quel étrange festival avez-vous été invité ???

Ne soyez pas embarrassé car la gloire vous attend! Vous avez l'immense privilège d'être un athlète des Jeux olympiques antiques, organisés par les Grecs!

•••

À partir de −776 et à tous les quatre ans, les Grecs de l'Antiquité organisèrent à Olympie (un lieu sacré dédié à Zeus) d'importantes compétitions sportive : les Jeux olympiques. Ces célébrations antiques finirent par englober plusieurs sports dont la course à pied, le saut en longueur, le lancer du disque et du javelot, les courses de chevaux et

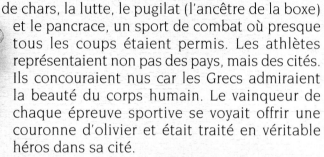

de chars, la lutte, le pugilat (l'ancêtre de la boxe) et le pancrace, un sport de combat où presque tous les coups étaient permis. Les athlètes représentaient non pas des pays, mais des cités. Ils concouraient nus car les Grecs admiraient la beauté du corps humain. Le vainqueur de chaque épreuve sportive se voyait offrir une couronne d'olivier et était traité en véritable héros dans sa cité.

LE SANCTUAIRE D'OLYMPIE

Olympie fut saccagée par les Romains au 5ᵉ siècle de notre ère et endommagée de plus belle par un tremblement de terre le siècle suivant. Avec le temps, ses ruines furent ensevelies dans la vase du fleuve Alphée et de la rivière Kladéos. Le sanctuaire fut tiré

de l'oubli au 19ᵉ siècle, lorsque des fouilles anglaises et françaises permirent d'identifier le temple de Zeus. Les archéologues allemands prirent la relève et exhumèrent de merveilleuses statues de marbre, les ruines de plusieurs édifices ainsi que l'immense stade.

◄ entrée du stade

La Grèce connut son apogée entre −510 et −350, lors de la période dite «classique». Elle était alors constituée de plusieurs cités autonomes. Même si elles partageaient la même culture, les cités grecques étaient souvent en guerre les unes contre les autres. Heureusement, elles observaient une trêve lors des Jeux olympiques. Les Grecs de l'Antiquité colonisèrent une grande partie des terres bordant la mer Méditerranée. Leurs cités fleurirent de la Turquie jusqu'en Espagne, en passant par l'Italie et la France. Les guerres successives entre cités provoquèrent l'affaiblissement et le déclin de cette grande civilisation.

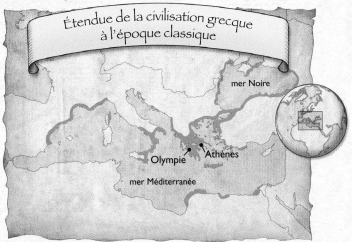

Étendue de la civilisation grecque à l'époque classique

mer Noire

Olympie   Athènes

mer Méditerranée

La Grèce antique nous a légué un héritage colossal. Au niveau politique, elle a mis en place le premier gouvernement démocratique. Celui-ci regroupe des dirigeants élus par

Parthénon d'Athènes

le peuple et qui ont pour tâche de gouverner le pays. En architecture, les belles colonnes de marbre des monuments grecs ont inspiré et inspirent toujours les bâtisseurs du monde entier. Dans les sciences, les Grecs ont posé les bases de la pensée rationnelle en tentant de trouver des réponses scientifiques (plutôt que magiques ou religieuses) aux phénomènes de la nature. Au niveau artistique, la civilisation grecque nous a légué des statues saisissantes de vie et des œuvres littéraires célèbres, telles que l'*Iliade* et l'*Odyssée* d'Homère. Les Grecs ont aussi inventé le théâtre. Enfin, n'oublions pas qu'ils sont les créateurs des Jeux olympiques…

masques du théâtre grec

Les Jeux olympiques antiques se sont déroulés jusqu'en l'an 392 de notre ère. Ils furent ensuite interdits par l'empereur romain Théodose 1er, qui les jugeait contraire à la religion chrétienne. À la fin du 19e siècle, le Français Pierre de Coubertin, un passionné de l'activité physique, résolut de ramener à la vie cette célébration sportive. Il réussit si bien qu'aujourd'hui les Jeux olympiques réunissent des milliers d'athlètes en provenance de tous les continents et de près de 200 pays.

À partir d'Olympie, vous pouvez vous rendre à…

9	7	10
Carthage, Tunisie **1 000 km**	**baie de Naples, Italie** **700 km**	**Alexandrie, Égypte** **1 000 km**

Fendez les flots avec *Hybodus* jusqu'à la **page 77.** ➡

Nagez avec agilité comme *Metriorhynchus* et mettez votre long museau dans la **page 37.** ⬅

Imitez *Rhamphorhynchus* et volez en rasant la surface de l'eau jusqu'à la **page 125.** ➡

Hybodus était un requin qui vivait à l'époque où les dinosaures dominaient le monde, il y a 250 à 65 millions d'années. Ce carnivore de 2,5 m de long possédait des épines sur ses nageoires dorsales. Celles-ci faisaient de lui une proie difficile à avaler.

Metriorhynchus était un crocodile parfaitement adapté à la vie marine. Ce prédateur de 3 m de long possédait des pattes palmées et une queue semblable à celle des poissons. Ses fossiles, qui datent d'environ 150 millions d'années, ont été retrouvés en Europe et en Amérique du Sud.

Rhamphorhynchus était un ptérosaure (reptile volant) dont l'envergure des ailes pouvait atteindre 1,75 m. Il possédait une longue queue et des dents acérées destinées à attraper des poissons. Ses fossiles, vieux de quelque 150 millions d'années, ont été retrouvés en Europe et en Afrique.

Les premières forêts de fougères géantes voient le jour sur la terre ferme, dans une chaleur étouffante. Pendant ce temps, l'océan est le théâtre d'un cirque étourdissant. Plongez-y !

Des créatures de toutes les formes et de toutes les couleurs tournoient inlassablement autour de vous. Elles nagent dans l'allégresse comme si le monde leur appartenait, ce qui, à l'époque où vous vous trouvez, n'est pas faux !

Ne croyez pas pour autant que la vie dans les mers soit une partie de plaisir ! Ces nageurs émérites poursuivent ou s'enfuient selon qu'ils sont prédateurs ou proies, ou les deux à la fois. Des requins primitifs rôdent. Leurs dents sont aussi coupantes que des lames de rasoir. Les requins eux-mêmes sont les proies de monstres plus gros et plus féroces encore. Ces derniers, munis de boucliers qui leur recouvrent la tête et une partie du corps, possèdent d'énormes mâchoires qui peuvent littéralement trancher un requin en deux…

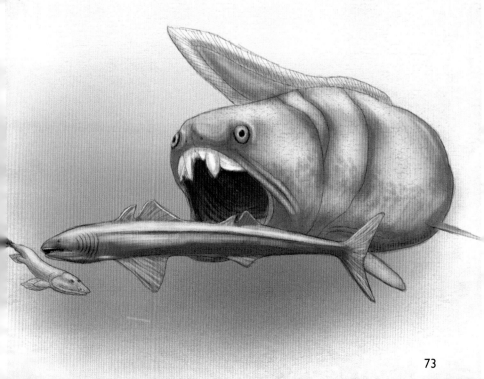

Le cirque sous-marin dans lequel vous vous trouvez met en vedette les animaux les plus agiles et les plus évolués de l'époque. Ce sont, vous l'aurez deviné, les poissons.

•••

Les poissons firent leur apparition dans les océans, il y a plus de 450 millions d'années. Ils furent les premiers vertébrés (animaux dotés d'une colonne vertébrale). Leur squelette primitif n'était pas constitué d'os, mais de cartilage, une matière souple et résistante. La colonne vertébrale permit aux poissons de soutenir leur corps, d'offrir un ancrage aux muscles et de nager plus efficacement et plus rapidement que tout autre animal. Bientôt, certains poissons se dotèrent d'une autre innovation : les mâchoires. Celles-ci les transformèrent en redoutables « croqueurs ». Au Dévonien, la période de l'histoire terrestre qui s'étend de −416 à −359 millions d'années, les poissons connurent une véritable explosion de formes. Les poissons osseux (au squelette formé d'os), de même que les ancêtres des requins, firent leur apparition.

▲
Arandaspis
Arandaspis, un des plus vieux poissons du monde, vivait il y a 450 millions d'années. Il mesurait 20 centimètres et portait une carapace osseuse qui recouvrait sa tête et une partie de son corps. *Arandaspis* appartenait au groupe des agnathes, poissons primitifs dépourvus de mâchoires.

Cheirolepis
Cheirolepis était un poisson osseux de 25 centimètres de long.
▼

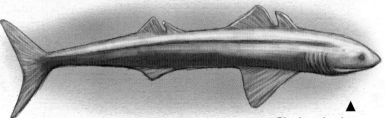

▲
Cladoselache
Cladoselache, un des premiers requins, mesurait plus de 1 mètre de long. Il possédait un squelette fait de cartilage.

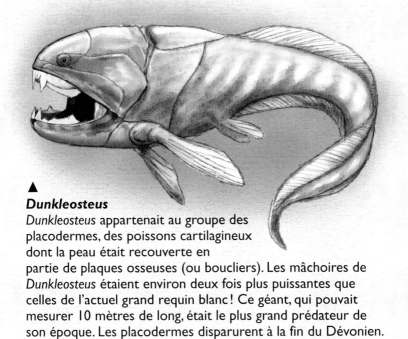

▲
Dunkleosteus
Dunkleosteus appartenait au groupe des
placodermes, des poissons cartilagineux
dont la peau était recouverte en
partie de plaques osseuses (ou boucliers). Les mâchoires de
Dunkleosteus étaient environ deux fois plus puissantes que
celles de l'actuel grand requin blanc! Ce géant, qui pouvait
mesurer 10 mètres de long, était le plus grand prédateur de
son époque. Les placodermes disparurent à la fin du Dévonien.

LES FOSSILES DE MIGUASHA

Une grande variété de fossiles de poissons datant du Dévonien
ont été mis au jour dans les falaises du parc de Miguasha, dans l'Est
du Québec (au Canada). Il y a 370 millions d'années, ce site était
une lagune où des agnathes nageaient à côté de placodermes et de
poissons osseux. Mais la vedette du parc est sans contredit le fossile
du poisson *Eusthenopteron*, surnommé le «Prince de Miguasha».
Doté de poumons et de nageoires osseuses, il fit naître l'idée que
les poissons étaient les ancêtres de tous les vertébrés terrestres
(amphibiens, reptiles, mammifères et oiseaux).

Eusthenopteron

Aujourd'hui, les poissons osseux représentent plus de 90 % des espèces de poissons qui peuplent les eaux de notre planète. Les requins et les raies ont, de leur côté, conservé leur squelette primitif constitué de cartilage et n'ont pratiquement pas changé depuis leur apparition dans les mers. Plus étonnant encore, quelques espèces d'agnathes ont survécu jusqu'à aujourd'hui ! Ils ont défié le temps pour vous livrer deux lettres de l'énigme : **la deuxième et la cinquième lettre du nom du poisson qui est surnommé le «Prince de Miguasha».**

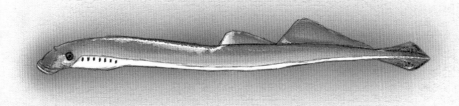

De Miguasha, vous pouvez vous rendre à...

27	28	3
Burgess, Canada 3 500 km	**vallée de la Brush Creek, É.-U.** 1 700 km	**vallée de la Vézère, France** 5 000 km

Suivez *Tyrannosaurus* au moment où il fonce sans pitié sur la **page 23.** ◄

Pachycephalosaurus a la tête dure ! Il vous suivra coûte que coûte jusqu'à la **page 113.** ➡

Agrippez-vous aux ailes géantes de *Quetzalcoatlus* et planez au-dessus de l'océan jusqu'à la **page 7.** ◄

Tyrannosaurus fut sans doute l'un des plus redoutables prédateurs de tous les temps. Ce gros dinosaure carnivore mesurant environ 12 m de long et 6 m de haut semait la terreur dans l'Ouest de l'Amérique du Nord il y a 65 à 80 millions d'années.

Pachycephalosaurus vécut il y a 65 à 70 millions d'années. Ce dinosaure herbivore, qui mesurait 3 m de haut et près de 8 m de long, possédait une grosse tête surmontée d'une épaisse bosse. On a retrouvé ses restes principalement dans l'Ouest de l'Amérique du Nord.

Quetzalcoatlus est un ptérosaure (reptile volant) qui vécut en Amérique du Nord il y a quelque 65 millions d'années. Ce carnivore est considéré comme le plus grand animal volant de tous les temps. Ses ailes de près de 12 m d'envergure lui donnaient la taille d'un avion.

Vous êtes l'heureux propriétaire du plus important atelier de teinture de Carthage. Votre fortune, vous la devez à un coquillage appelé murex. Les nombreux ouvriers qui travaillent pour vous s'affairent à extraire la précieuse pourpre des mollusques. Cette dernière, une fois bouillie, donne une substance d'une couleur rouge vif qui sert à teindre des étoffes que seuls les gens extrêmement riches peuvent se procurer ! Chaque coquillage ne produit qu'une infime goutte de pourpre. Et il en faut des milliers pour teindre une étoffe !

Rendez-vous dans le port de Carthage où l'équipage d'un navire marchand vous attend pour le chargement de vos somptueux rouleaux de textiles. Ceux-ci iront rejoindre les grosses amphores contenant le vin, l'huile d'olive, les bijoux et les objets en verre qui seront vendus aux quatre coins de la Méditerranée.

Ça y est, le bateau lève l'ancre. Lorsque vous le voyez s'éloigner vers le large, vous êtes loin de vous douter qu'une terrible tempête l'attend. Sa cargaison ne sera recueillie que beaucoup plus tard… par un robot sous-marin du 20e siècle !

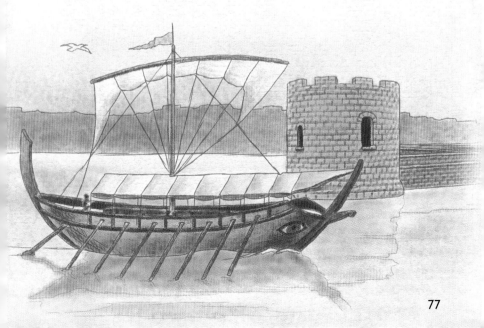

Vous voici au sein d'une civilisation fondée par des navigateurs chevronnés et des commerçants prospères. Les représentants de cette grande civilisation, pourtant méconnue, sont appelés « Phéniciens ».

UNE ÉPAVE PHÉNICIENNE

En 1998, une société spécialisée dans la recherche d'épaves découvrit, grâce à un robot sous-marin, un bateau phénicien âgé de quelque 2 500 ans. Ce navire, baptisé *Melkarth*, gisait à près de 900 mètres de profondeur, dans la mer Méditerranée. Le *Melkarth* (du nom du dieu phénicien des navigateurs) contenait des centaines d'amphores. Ces grands vases, qui mesuraient environ 1 mètre de haut, permettaient de transporter du vin, de l'huile et des objets fragiles comme des articles en verre. Les vestiges de la civilisation phénicienne sont si rares que les épaves telles que le *Melkarth* constituent une véritable mine d'or pour les archéologues.

La civilisation phénicienne vit le jour en Phénicie, sur les bords de la mer Méditerranée, à l'endroit où se trouve aujourd'hui le Liban. Les Phéniciens étaient les navigateurs les plus audacieux de leur époque. Grâce aux cèdres du Liban, des arbres dont le bois est très résistant, ils se spécialisèrent dans la construction de bateaux. Les Phéniciens constituèrent, à partir de −1200 environ, un véritable empire de la mer. Ils furent sans doute les premiers à s'aventurer sur les flots mouvementés de l'océan Atlantique. Ils naviguèrent apparemment jusqu'aux îles britanniques et contournèrent même une partie de l'Afrique ! Les Phéniciens étaient des marchands très réputés. Ils implantèrent des comptoirs de commerce et des colonies sur les terres bordant la mer Méditerranée. Vers l'an −814, ils fondèrent la ville de Carthage en Afrique du Nord (dans la Tunisie actuelle). Cette cité devint l'une des plus puissantes du monde antique. Elle fut pillée et brûlée par les Romains en l'an −146. La destruction de Carthage marqua la fin de la civilisation phénicienne.

Étendue de la civilisation phénicienne et ses principales routes commerciales

Îles britanniques

océan Atlantique

naufrage du Melkhart

Byblos

Carthage

mer Méditerranée

Tyr

Phénicie

Les Phéniciens étaient des artisans talentueux. Ils travaillaient merveilleusement les métaux, le bois, l'ivoire et le verre. La pourpre, qu'ils obtenaient du murex, leur permettait de teindre des étoffes luxueuses. Les Phéniciens sont également les inventeurs du premier alphabet. Auparavant, on utilisait une écriture avec des idéogrammes, où chaque mot était représenté par un signe. Ce type d'écriture était difficile à mémoriser puisqu'il comptait des milliers de symboles. Les Phéniciens composèrent un alphabet de 22 lettres qui représentaient l'ensemble des sons de leur langue. Les Grecs et les Romains le perfectionnèrent ensuite pour concevoir l'alphabet que nous utilisons aujourd'hui.

Alphabet phénicien	Alphabet latin moderne
𐤀	A
𐤁	B
𐤂	C
𐤃	D
𐤄	E

Le terme « Phéniciens » est dérivé du grec « Phoinikes » qui signifie « hommes pourpres ». Les Grecs les ont appelés ainsi en raison de la teinture coûteuse et recherchée qui fit leur renommée.

Aujourd'hui, les navires antiques qui gisent dans les profondeurs de l'océan peuvent être localisés grâce à des appareils de haute technologie, comme les sonars, les robots ou les submersibles. Leur cargaison, souvent très bien préservée sous une épaisse couche d'eau et de sédiments, nous offre une fenêtre unique sur les civilisations du passé et leur mode de vie. Embarquez dans un submersible et enfoncez-vous dans les eaux de la Méditerranée pour une chasse aux épaves. Tout au fond, une amphore qui a résisté aux ravages du temps pourrait contenir deux lettres de l'énigme : **la première et la deuxième lettre du nom d'une épave phénicienne âgée de quelque 2 500 ans.**

De Carthage, vous pouvez vous rendre à…

8	3	32
Olympie, Grèce 1 000 km	vallée de la Vézère, France 1 200 km	Chavin de Huantar, Pérou 10 400 km

Nagez en compagnie de l'étrange trilobite *Onnia*. Il vous guidera jusqu'à la **page 111.** ➡

Comme *Cothurnocystis*, dirigez-vous en traînant de la patte (ou plutôt de la queue) vers la **page 7.** ◀

Accrochez-vous à une défense d'*Odobenocetops* et sillonnez l'océan jusqu'à la **page 51.** ◀

Les trilobites étaient des créatures à carapace et au corps segmenté. Ils peuplèrent les mers en grand nombre et sous de multiples formes voilà des centaines de millions d'années. *Onnia* était un trilobite plus large que long dont plusieurs fossiles ont été retrouvés en Afrique du Nord.

Cothurnocystis était un étrange animal marin au corps plat en forme de fleur. Il vécut en Europe il y a plus de 400 millions d'années. Sa queue flexible, qui lui permettait de se traîner sur le fond marin, contenait peut-être une notocorde (l'ancêtre de la colonne vertébrale).

Le dauphin *Odobenocetops* ressemblait à un morse. Le mâle possédait une défense beaucoup plus longue que l'autre. Ce mammifère dépourvu de dents aspirait les vers et les mollusques qu'il dénichait dans le fond marin. Ses restes, vieux de 3 à 5 millions d'années, ont été retrouvés au Pérou.

Les premiers rayons du soleil illuminent votre chambre à coucher. Vous êtes tiré du sommeil, non pas par la lumière de l'astre du jour, mais par une envie urgente de soulager votre vessie… Vous vous précipitez vers les toilettes, situées au rez-de-chaussée. Ouf! Vous accaparez ensuite la salle de bain pour vous asperger d'eau fraîche et compléter votre toilette quotidienne. Vous enfilez vos vêtements de coton, prenez rapidement une bouchée et sortez de votre spacieuse demeure.

Les ouvriers du quartier sont occupés à réparer une bouche d'égout. Saluez-les! Vous zigzaguez ensuite entre les nombreux piétons et véhicules encombrant les larges avenues de la métropole qui compte des dizaines de milliers d'habitants. Vous vous arrêtez à la piscine publique pour faire vos ablutions rituelles (décidément, vous êtes quelqu'un de très propre). Enfin, vous vous dirigez vers votre lieu de travail, dans le chic quartier des bijoutiers-joailliers. Vous songez avec excitation à la soirée entre amis qui vous attend, autour d'un jeu de plateau.

Vous pourriez facilement vous croire dans une ville du 21e siècle. Or, vous vous trouvez à l'aube du 21e siècle AVANT notre ère, chez l'un des peuples les plus méconnus de l'Antiquité : la civilisation de l'Indus.

ruines de Mohenjo-Daro

Vers l'an −2600, les habitants des communautés établies dans la vallée fertile du fleuve Indus (dans l'actuel Pakistan) commencèrent à édifier de grandes cités. Ils formèrent ainsi l'une des plus vieilles civilisations de l'humanité. La civilisation de l'Indus fut à son apogée entre −2500 et −2000 et s'éteignit mystérieusement vers −1800. Mohenjo-Daro et Harappa étaient les deux plus grandes villes de la vallée de l'Indus. Elles comptaient près de 50 000 habitants !

Étendue de la civilisation de l'Indus et principales cités

Harappa
Rakhigarhi
Indus
Mohenjo-Daro
Dholavira
Lothal
océan Indien

Les citadins de la vallée de l'Indus étaient des artisans chevronnés. Ils confectionnaient des perles et des bijoux d'une grande beauté, convoités dans tout le monde antique. Ils fabriquaient aussi des outils et des armes en métal, ainsi que des briques et des céramiques presque aussi dures que de la pierre. La civilisation de l'Indus connaissait la roue. Elle faisait rouler les chariots et fonctionner les tours des potiers. Elle aimait aussi s'amuser. On a découvert, lors de fouilles, des jeux de plateau et des jouets tels que des modèles réduits de véhicules et d'animaux. À l'extérieur des villes, l'agriculture et l'élevage étaient bien développés afin de subvenir aux besoins des nombreux citadins. La civilisation de l'Indus fut la première à cultiver le coton et à l'utiliser pour en faire des tissus. Le commerce représentait une autre activité importante. Dans leurs échanges, les marchands utilisaient des poids et des mesures ainsi que des sceaux sur lesquels figurait une écriture (peut-être une sorte de signature). Enfin, le peuple de l'Indus se démarqua par le génie de son architecture urbaine.

jouet

LES FOUILLES DE MOHENJO-DARO

En 1922, l'archéologue britannique John Marshall mit au jour la ville de Mohenjo-Daro. Les fouilles révélèrent un aménagement urbain digne d'une ville moderne! De grandes rues se croisaient à angle droit. Plusieurs maisons étaient dotées d'un puits, d'une salle de bain et de toilettes privées. Les eaux et les déchets domestiques étaient évacués par des canalisations qui se déversaient dans les caniveaux des rues. Ces derniers, qui recueillaient aussi les eaux de pluie, se jetaient dans de grands égouts qui couraient sous les rues de la ville. Mohenjo-Daro était organisée sur deux niveaux. La ville basse regroupait les quartiers résidentiels et les boutiques. La ville haute était occupée par la citadelle. Celle-ci abritait le «grand bain» (une piscine publique qui était sans doute destinée à des ablutions rituelles), une salle de réunion et ce qui fut peut-être un grenier à céréales.

toilettes

Aujourd'hui, des milliers d'années après sa mystérieuse disparition, la civilisation de l'Indus cache encore bien des secrets. On ne sait pas si ce peuple était encadré par un gouvernement ou une religion puisque aucun palais ni aucun temple n'a été mis au jour. Cette grande civilisation possédait une écriture comprenant plus de 400 signes, mais personne n'a encore réussi à la déchiffrer. Tentez, vous aussi, de décoder les symboles gravés sur les nombreux sceaux retrouvés. Vous y gagnerez peut-être une lettre de l'énigme : **la première lettre du nom de la ville mise au jour par l'archéologue John Marshall.**

De Mohenjo-Daro, vous pouvez vous rendre à...

20	19	12
Arzhan, Russie 3 500 km	**Kalinga, Inde** 1 900 km	**Hadar, Éthiopie** 3 400 km

Arborez vos longues griffes pour intimider d'éventuels prédateurs sur le chemin de la **page 99.** ➡

Pour éviter les mauvaises rencontres, imitez *Morganucodon* et voyagez de nuit jusqu'à la **page 47.** ⬅

Découvrez l'évolution des cétacés (dauphins et baleines) en accompagnant *Pakicetus* jusqu'à la **page 29.** ⬅

Therizinosaurus était un étrange dinosaure herbivore de 12 m de long qui vivait en Asie il y a environ 70 millions d'années. Ce grand reptile possédait un bec édenté et peut-être des plumes sous forme de duvet. Ses griffes gigantesques pouvaient avoir la taille d'un bras humain !

Morganucodon figure parmi les premiers mammifères. Il vivait en Europe et en Asie il y a environ 200 millions d'années. Ce petit insectivore, qui aurait pu loger dans votre main, chassait la nuit et se terrait le jour, pour échapper aux terribles dinosaures.

Pakicetus est le plus ancien cétacé connu. Ce mammifère semi-aquatique vécut au Pakistan il y a 50 millions d'années. Son crâne avait des traits propres aux baleines ! En évoluant, la queue et les pattes avant des cétacés se transformèrent en nageoires. Les pattes arrière finirent par disparaître.

Vous voici embourbé dans un vaste marécage qui s'étend au pied d'un volcan en activité. Autour de vous, d'immenses fougères forment une forêt humide dans laquelle vous avez peine à respirer.

Au loin, le grondement sourd du volcan est étouffé par le bourdonnement incessant des libellules géantes, dont l'envergure des ailes est plus grande que la longueur d'un de vos bras ! Mais les géants ne sont pas que dans les airs… Sur le sol marécageux déambulent d'immenses scorpions et des mille-pattes dont la longueur dépasse largement votre taille !

Vous atteignez bientôt les rives d'un lac peu profond. Reculez ! Le roi de l'étang pourrait surgir à tout moment. En effet, les yeux d'une grosse créature aquatique dépassent de la surface de l'eau et vous observent…

Si vous croyez faire face à un crocodile, détrompez-vous. Il s'agit plutôt de l'ancêtre géant des grenouilles et des crapauds. Vous voici au royaume des amphibiens.

UNE COMMUNAUTÉ D'AMPHIBIENS PRIMITIFS

Des fouilles menées à East Kirkton, en Écosse, ont révélé les fossiles de l'une des plus anciennes communautés d'amphibiens. Ce site exceptionnel a également conservé des traces de la végétation luxuriante qui s'épanouissait à cet endroit au Carbonifère, la période de l'histoire terrestre qui s'étend de −359 à −299 millions d'années.

Les amphibiens, un groupe qui comprend aujourd'hui les grenouilles, les crapauds et les salamandres, firent leur apparition il y a plus de 400 millions d'années. Ils furent les premiers vertébrés (animaux possédant une colonne vertébrale) à explorer la terre ferme. Les scientifiques croient que les amphibiens sont les descendants des poissons dotés de poumons qui apparurent au Dévonien (la période qui précède le Carbonifère). Ces poissons utilisaient leurs poumons pour respirer de l'air lorsque les cours d'eau étaient pauvres en oxygène ou s'asséchaient temporairement. De plus, certains de ces poissons possédaient des nageoires dont les os ressemblaient beaucoup aux pattes des premiers amphibiens. Il y a un peu plus de 350 millions d'années, les amphibiens proliférèrent et dominèrent la planète. Ils étaient alors bien différents des grenouilles et des crapauds de nos étangs. Certains faisaient penser à des salamandres; d'autres, gigantesques, ressemblaient à des crocodiles.

◀ *Ichthyostega*

Ichthyostega est l'un des plus anciens amphibiens fossiles connus. Il possédait quatre pattes munies de sept doigts, une queue palmée et un corps couvert d'écailles, semblable à celui des poissons. Cet amphibien, qui pouvait mesurer jusqu'à 1 mètre de long, respirait grâce à des poumons mais aussi possiblement par la peau, tout comme les amphibiens modernes.

◄ Mastodonsaurus

Mastodonsaurus fut certainement l'un des plus gros amphibiens de tous les temps. Il possédait un crâne de plus de 1 mètre de long et sa taille complète dépassait peut-être 4 mètres !

Eogyrinus ►

Eogyrinus était un amphibien géant qui mesurait jusqu'à 4 mètres de long.

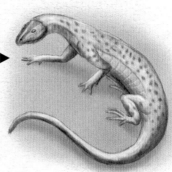

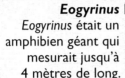

◄ Eryops

Eryops était un grand prédateur aquatique de 2 mètres de long qui hantait les lacs et les marécages du Carbonifère.

DES BESTIOLES GIGANTESQUES !

Au Carbonifère, les amphibiens n'étaient pas les seuls animaux à arpenter la terre ferme. Ils vivaient aux côtés de grosses bestioles telles que des mille-pattes de 2 mètres de long, des scorpions dont la taille atteignait 75 centimètres et des blattes d'une longueur de 10 centimètres. Les libellules géantes de cette époque figurent parmi les premiers animaux volants. Les ailes de la libellule *Meganeura* avaient une envergure de 70 centimètres !

Il y a plus de 300 millions d'années, les vastes forêts marécageuses qui recouvraient les continents étaient périodiquement détruites par les inondations. Lorsque l'eau se retirait, les forêts se développaient de nouveau. Ces périodes de vie et de mort ont créé d'importants dépôts de matière végétale. Ceux-ci, décomposés et comprimés, forment aujourd'hui d'immenses réserves de charbon. Avant de quitter l'Écosse, munissez-vous d'un casque et d'une lampe frontale et descendez dans les galeries obscures d'une mine. En plus du charbon, vous y dénicherez peut-être une lettre de l'énigme : **la cinquième lettre du nom d'une libellule géante.**

 À partir d'East Kirkton, vous pouvez vous rendre à...

2	29	4
Lyme Regis, Angleterre **600 km**	**Miguasha, Canada** **4 200 km**	**Messel, Allemagne** **1 100 km**

Faites-vous tout petit et mettez votre patte velue sur la **page 55.** ◀	Imitez le nautile et produisez un puissant jet d'eau qui vous propulsera jusqu'à la **page 112.** ➡	Barbotez de mare en mare et tentez une sortie de l'eau à la **page 129.** ➡

Palaeocharinus est un animal apparenté aux araignées qui vivait sur la terre ferme il y a environ 410 millions d'années. Il est parmi les plus anciens animaux terrestres ! Les fossiles de cette bestiole mesurant à peine quelques millimètres ont été retrouvés en Écosse.	Il y a plus de 450 millions d'années, les nautiles régnaient en maîtres dans les océans. Pour monter et descendre dans l'eau, ces mollusques modifiaient l'équilibre de l'air et des liquides à l'intérieur de leur coquille, comme un sous-marin. Ils se propulsaient en émettant des jets d'eau.	*Panderichthys* vivait dans les eaux peu profondes d'Europe il y a environ 385 millions d'années. Ce poisson de 1 m de long possédait des poumons, des narines et deux paires de nageoires charnues ressemblant à des pattes. *Panderichthys* est peut-être l'ancêtre de tous les vertébrés terrestres.

Les créodontes ne font pas partie du groupe des Carnivores en raison d'une légère différence de leur dentition. Mais avec leur taille qui peut atteindre celle d'un rhinocéros, les créodontes n'en sont pas moins redoutables ! Ils furent les « mangeurs de viande » dominants il y a 30 à 60 millions d'années. Si certains sont charognards, d'autres sont des chasseurs rapides. Ils sont capables, avec leurs puissantes mâchoires, de vous broyer littéralement les os ! Pour semer la bande de créodontes qui vous poursuit, changez subrepticement de direction pour vous réfugier à Alexandrie, à la page 125. ➤

Argentine

Comment espérez-vous atteindre l'Afrique avec les ailes d'un oiseau incapable de voler ? Les oiseaux de la terreur sont certes gigantesques, mais leurs ailes sont beaucoup trop petites pour leur permettre de s'élancer dans le ciel. Néanmoins, leurs longues et puissantes pattes leur permettent de foncer sur une proie à une vitesse pouvant approcher 50 kilomètres à l'heure ! Ainsi, ces grands prédateurs au bec crochu et aux griffes acérées vous « encourageront » à traverser l'Amérique du Sud à la course jusqu'au Pérou, à la page 51. ◄

La savane est roussie par une saison sèche impitoyable. Les quelques rares arbres sont dégarnis et le sol craquelé a peu à offrir. Heureusement, vous êtes en bonne compagnie. Les humains que vous suivez sont petits et recouverts de poils, mais ils sont débrouillards et ils ont fière allure avec leur démarche presque droite. Vos nouveaux compagnons sont capables de modifier leur régime alimentaire au rythme des saisons : beaucoup de feuilles, de fruits et de légumes à la saison des pluies ; plus de noix, de bulbes et de carcasses en saison sèche.

Regardez là-bas, la carcasse d'une antilope gît au pied d'une falaise ! Des hyènes et des vautours se disputent déjà le cadavre. Le chef de votre petite bande commande aussitôt l'assaut. Vous jetez des pierres sur les charognards, qui déguerpissent. La dernière pierre que vous lancez manque sa cible et se brise sur la paroi de la falaise. Surpris, le chef examine tour à tour la paroi et les éclats de roche au sol. Il ramasse un éclat, se dirige vers la carcasse et l'ouvre facilement avec la pierre coupante. Quelle trouvaille !

Il ne reste plus, maintenant, qu'à essayer d'obtenir volontairement des éclats coupants en percutant une pierre contre une autre. C'est ainsi que les premiers outils seront façonnés! Les individus qui vous entourent sont non seulement considérés comme les premiers humains, mais aussi comme les premiers inventeurs. Ils se nomment *Homo habilis*.

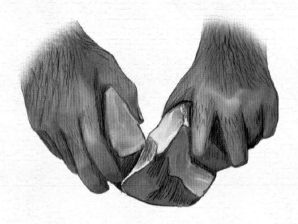

Homo habilis est apparu 2,5 millions d'années avant notre ère. La plupart des paléontologues le considèrent comme le premier humain, notamment parce qu'il faisait preuve d'une grande habileté manuelle et que son cerveau était beaucoup plus gros que celui de ses ancêtres pré-humains. *Homo habilis* vivait dans les savanes et les forêts de l'Afrique de l'Est et du Sud. Il dépassait rarement 1,40 mètre et pesait tout au plus 40 kilogrammes, soit environ la taille et le poids d'un enfant de 12 ans. Il marchait debout, mais passait encore du temps dans les arbres. Les premiers hommes possédaient peut-être un langage à eux. Des moulages de l'intérieur des crânes fossiles ont montré que la partie du cerveau utilisée pour le langage était bien développée. *Homo habilis* s'est éteint il y a environ 1,5 million d'années, laissant la place à des humains plus évolués.

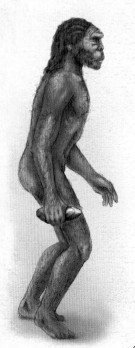

Homo habilis

Le nom *Homo habilis* associe les termes latins «homo» qui signifie «homme» et «habilis» qui signifie «habile».

Homo habilis est considéré comme le premier inventeur de l'humanité puisqu'il a laissé les premiers vestiges de véritables outils! En percutant un galet avec une autre pierre très dure, il obtenait un outil aux bords tranchants appelé hachoir, et des petits éclats très coupants. Ceux-ci lui permettaient de découper des carcasses, d'ouvrir des noix et de briser des os afin d'en extraire la moelle très nourrissante.

hachoir ▶

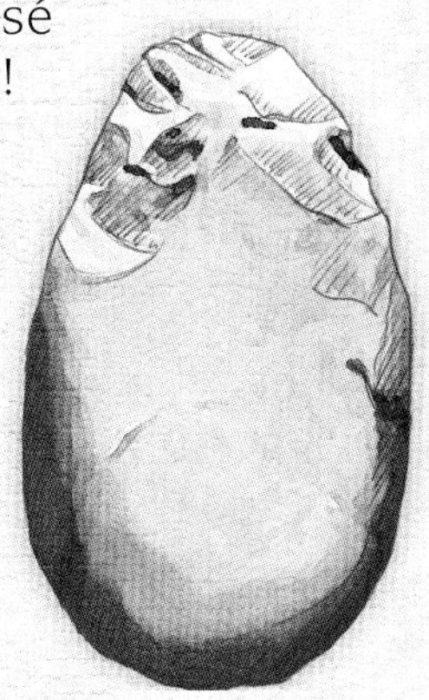

MINES D'OS EN AFRIQUE DE L'EST

En 1960, dans les gorges d'Olduvai, en Tanzanie, les paléontologues britanniques Louis et Marie Leakey ont découvert les premiers ossements et outils fossiles attribués à *Homo habilis*. En 1972, leur fils Richard mettait au jour au Kenya les fossiles d'une espèce humaine proche d'*Homo habilis*. Celle-ci fut baptisée *Homo rudolfensis* parce que les ossements se trouvaient près du lac Turkana, anciennement appelé lac Rodolphe. *Homo rudolfensis* était un peu plus grand (1,50 mètre en moyenne) et possédait un cerveau plus gros qu'*Homo habilis*. Il marchait également plus droit et plus efficacement.

Homo rudolfensis ▶

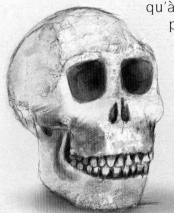

L'Afrique de l'Est est le paradis des paléontologues. Dans les gorges d'Olduvai, en Tanzanie, et dans la région du lac Turkana, au Kenya, les scientifiques ont déterré tout un assortiment d'ossements appartenant à divers humains tels qu'*Homo habilis*, *Homo rudolfensis*, *Homo ergaster* ainsi qu'à des australopithèques et autres pré-humains. En outre, ces hominidés aux apparences multiples auraient vécu au même endroit, environ au même moment, il y a entre 2,5 et 1,6 millions d'années! Ces découvertes sont étourdissantes pour les paléontologues, qui tentent tant bien que mal de retracer notre véritable ancêtre…

À partir d'Olduvai, vous pouvez vous rendre à…

12	14	19
Hadar, Éthiopie **1 700 km**	**Karoo, Afrique du Sud** **3 600 km**	**Kalinga, Inde** **5 800 km**

Déplacez-vous avec un troupeau de *Brachiosaurus* (attention de ne pas vous faire écraser!) jusqu'à la **page 133.** ➡

Laissez un ancêtre plutôt poilu vous raconter quelques secrets de famille sur le chemin de la **page 41.** ⬅

Joignez-vous à une colonie de graptolites et flottez à la dérive jusqu'à la **page 47.** ⬅

Brachiosaurus était un dinosaure de 12 m de haut qui pouvait peser plus de 50 tonnes (l'équivalent d'une dizaine d'éléphants). Des fossiles de cet herbivore gigantesque, qui aurait vécu il y a 145 à 156 millions d'années, ont été retrouvés dans l'Ouest des États-Unis et en Afrique.

Le singe *Proconsul* est peut-être l'ancêtre commun de tous les hominoïdes, un groupe qui comprend les humains et les grands singes (gorilles, gibbons, chimpanzés et orangs-outans). *Proconsul* vivait dans les arbres des forêts chaudes et humides d'Afrique, il y a 20 millions d'années.

Il y a 320 à 540 millions d'années, les graptolites formaient des colonies dans les océans du globe. Ces minuscules animaux à tentacules vivaient sur le fond marin ou flottaient librement dans l'eau. En s'unissant, ils composaient toutes sortes de formes étranges.

C'est aujourd'hui la fête des semailles. Pour l'occasion, les habitants des villages entourant Copán ont envahi la place centrale de la cité, dominée par de grands temples-pyramides. La foule se bouscule pour prendre place dans les gradins du terrain de balle où doivent s'affronter deux équipes. Ajustez votre casque, votre ceinturon et vos genouillères… vous êtes l'un des joueurs ! Le coup d'envoi est donné.

La lourde balle de caoutchouc est projetée dans votre direction. Vous devez, en utilisant seulement vos hanches, vos genoux ou vos coudes, la propulser vers l'un des six buts. Ceux-ci sont symbolisés par des têtes de perroquets, juchées sur les murs bordant le terrain. Vous êtes couvert de sueurs… froides. Car ce jeu de balle, appelé *pok-ta-pok*, est loin d'être une partie de plaisir. Vous participez à un rite sacré destiné à gagner la faveur de Cháac, le dieu de la pluie. Or vos dieux sont avides d'offrandes et de sacrifices. Pour que soient exaucés vos vœux de bonnes récoltes, les perdants de cette partie doivent être décapités !

Bien que certains de ses rites soient quelque peu macabres, vous vous trouvez au sein de l'une des plus grandes civilisations du monde antique ! Bienvenue chez le peuple maya.

●●●

La civilisation maya s'est développée il y a plus de 2 000 ans dans l'environnement tropical du Mexique et de l'Amérique centrale. Les cités mayas étaient gouvernées par un roi qui régnait sur la ville et les terres environnantes. À son apogée, entre les années 250 et 900, la civilisation maya comptait plus de 40 cités. Quatre des plus importantes furent Palenque, Tikal, Copán et Chichén Itzá. Le déclin de la civilisation, à partir du 10e siècle, fut très rapide. On pense que les guerres entre les cités et une série de mauvaises récoltes l'auraient épuisée.

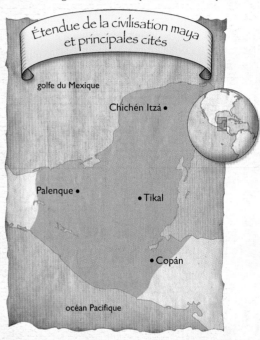

Étendue de la civilisation maya et principales cités

golfe du Mexique

Chichén Itzá •

Palenque •

• Tikal

• Copán

océan Pacifique

Les Mayas étaient principalement des paysans. Leurs champs de maïs, de courges et de haricots étaient irrigués par des canaux. La vie des habitants des cités était rythmée par la religion. Plus de 160 dieux étaient adorés des Mayas, comme le dieu de la pluie ou le dieu du soleil. Les cérémonies religieuses s'accompagnaient de sacrifices d'animaux et même d'humains. Ces derniers étaient souvent des esclaves ou des prisonniers capturés lors d'une guerre contre une autre cité maya. Les Mayas accordaient une grande importance aux jeux de balle. Ces jeux représentaient probablement des rituels religieux qui leur permettaient d'obtenir la faveur des dieux.

Les Mayas étaient de grands génies de l'architecture, des mathématiques et de l'astronomie. Dans leurs vastes cités de pierre, les palais rivalisaient de beauté avec les temples, élevés sur de grandes pyramides. Les Mayas furent parmi les plus grands astronomes de l'histoire. Ils connaissaient les positions de la Lune et des étoiles ainsi

pyramide de Chichén Itzá

que les dates des éclipses solaires. Ils utilisaient des calendriers très précis basés sur la rotation de la Terre autour du Soleil. En mathématiques, les Mayas utilisaient un système de points et de barres pour écrire des chiffres. Ils furent parmi les premiers à utiliser le zéro, qu'ils représentaient en dessinant un coquillage. La civilisation maya fut également la première en Amérique qui inventa un véritable système d'écriture. L'écriture maya était composée de centaines de symboles, appelés «glyphes», qui représentaient des mots ou des sons. Les glyphes étaient gravés dans la pierre ou écrits sur de longues bandes de papier d'écorce. Chaque bande était repliée en accordéon pour former un livre appelé «codex».

DES CITÉS ENFOUIES DANS LA JUNGLE

Au 19e siècle, des explorateurs découvrirent avec étonnement les cités mayas ensevelies sous la jungle. Ils mirent au jour leurs pyramides en pierres monumentales, leurs palais, leurs terrains de balle, leurs fresques magnifiques et leur mystérieuse écriture. La plus brillante civilisation d'Amérique fut ainsi dévoilée au reste du monde.

terrain de balle de Copán

Les Mayas ont écrit un nombre incalculable de codex. Malheureusement, ceux-ci ont été brûlés au 16e siècle par des missionnaires espagnols qui les jugeaient diaboliques (ils tentaient alors de convertir les indigènes au christianisme). Une mine d'information sur l'une des plus brillantes civilisations du monde est ainsi partie en fumée. Seuls quatre codex ont survécu à la destruction. Tentez de mettre la main sur l'un de ces précieux livres. Si vous arrivez à déchiffrer l'écriture qu'il renferme, vous découvrirez peut-être la date de

la prochaine éclipse solaire ou encore deux lettres de l'énigme : **la première et la sixième lettre de ce qui a enseveli les cités mayas, après le déclin de la civilisation.**

À partir de Copán, vous pouvez vous rendre à...

30	32	21
La Venta, Mexique **600 km**	**Chavín de Huantar, Pérou 3 000 km**	**Xianyang, Chine** **14 200 km**

Suivez une troupe de *Smilodon* et donnez la chasse à la **page 134.** ➡

Imitez le glyptodonte et munissez-vous d'un bouclier à toute épreuve pour vous rendre à la **page 51.** ⬅

Longez le fond marin en compagnie d'*Opabinia*, qui vous aidera à agripper la **page 11.** ⬅

Smilodon, le plus gros félin à dents de sabre, mesurait près de 3 m et pesait 200 kg. Ce carnivore robuste et puissant vivait en Amérique du Nord et du Sud. Il est apparu il y a environ 1,6 million d'années et s'est éteint voilà 10 000 ans.

Les glyptodontes étaient protégés par une carapace massive qui leur recouvrait le corps, la tête et la queue. Ces mammifères blindés, dont les plus gros atteignaient 3 à 4 m de long, vivaient en Amérique centrale et du Sud il y a plus de 10 000 ans.

Opabinia est un animal étrange et très ancien qui vécut il y a plus de 500 millions d'années. Ce petit carnivore de 7 cm possédait 5 yeux et une longue trompe qu'il utilisait pour saisir ses proies. Les fossiles d'*Opabinia* ont été découverts en Chine et au Canada.

Un vent froid balaie la vaste étendue d'herbe qui se déploie sous vos pieds. Au loin se dressent des montagnes aux cimes enneigées.

Chut! Entendez-vous? On dirait le bruit de plusieurs chevaux au galop. Vous envisagez le pire. Et s'il s'agissait des terribles barbares des steppes! On dit que ces hommes brutaux boivent dans des coupes fabriquées avec les crânes de leurs ennemis! Soudain, un groupe de cavaliers apparaît à l'horizon et fonce droit sur vous… Ils vous rejoignent en un rien de temps. L'un d'eux vous agrippe, vous hisse sur son cheval et vous transporte jusqu'à leur campement. Celui-ci est entouré d'énormes troupeaux de chevaux, de moutons et de bovins.

À votre plus grande surprise, on vous dépose délicatement sur le sol. Une femme vous tend amicalement, non pas un crâne, mais une coupe en bois contenant du lait de jument. Vous êtes même invité à pénétrer dans la tente du chef…

Ce qui vous paraissait, de l'extérieur, une modeste tente en feutre se révèle être, de l'intérieur, un véritable palais! Des étoffes multicolores d'une grande beauté couvrent les murs et le plancher de l'habitation. Ce n'est pas tout. L'or scintille partout, autant sur les petits objets quotidiens que sur les armes, le costume et les bijoux portés par le chef et sa compagne. Ici, même les chevaux sont parés d'or! Bienvenue chez les cavaliers scythes.

UN TOMBEAU REMPLI D'OR

En 2001, des archéologues russes et allemands firent toute une découverte. Dans le sol des steppes de Sibérie, près d'Arzhan, ils déterrèrent un tombeau vieux de quelque 2 600 ans. Il renfermait les squelettes d'un homme et d'une femme scythes, entourés d'une multitude d'objets dont quelque 5 700 en or, finement travaillés! Avant la découverte de tombes comme celle-ci, les connaissances que nous avions des Scythes provenaient en grande partie des récits écrits par les Grecs de l'Antiquité, qui les considéraient comme des barbares cruels, sans raffinement.

Les Scythes étaient un peuple de cavaliers nomades. Ils parcouraient les steppes de l'Asie centrale entre le 8e siècle et le 3e siècle avant notre ère. Ils habitaient de grandes tentes en feutre qu'ils pouvaient facilement démonter et transporter lorsqu'ils se déplaçaient en quête de meilleurs pâturages pour leurs troupeaux. Des tapis et des tentures ornés de motifs d'animaux décoraient l'intérieur de leurs habitations et les protégeaient du vent et du froid des steppes. Le cheval était au cœur de leur culture. Les ancêtres lointains des Scythes furent les premiers à le domestiquer et à l'utiliser couramment comme monture. Les Scythes étaient de redoutables guerriers. Ils réussirent à conquérir un vaste territoire qui s'étendait de l'Europe de l'Est jusqu'en Sibérie, au nord de l'Asie.

Les guerriers scythes étaient non seulement d'habiles cavaliers, mais aussi de formidables archers. Leurs flèches terrorisaient les peuples voisins.

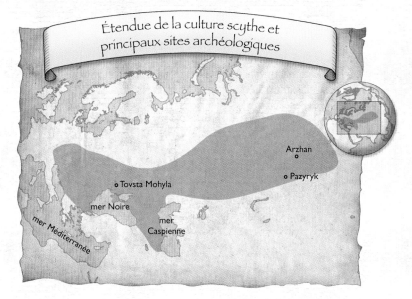

Étendue de la culture scythe et principaux sites archéologiques

Arzhan
Pazyryk
Tovsta Mohyla
mer Noire
mer Méditerranée
mer Caspienne

Lorsqu'un chef de guerre ou un noble mourait, il était enterré avec sa monture et avec de nombreux objets en or massif. Les Scythes étaient des orfèvres de grand talent. Ils ciselaient l'or finement pour façonner ou décorer des objets tels que des peignes, des épingles, des colliers ou des casques. Beaucoup de ces objets étaient de véritables œuvres d'art représentant des animaux vénérés par les Scythes, comme les félins, les oiseaux de proie ou les cerfs. Les Scythes aimaient également les tatouages et leur corps était couvert de figures d'animaux.

collier pectoral en or

peigne en or

Au 20e siècle, de nombreuses tombes gelées, exception-nellement bien conservées, furent découvertes en Sibérie. Dans cette région froide de la Russie, qui se trouve en Asie, la glace ralentit la décomposition de la matière organique, comme les cadavres, le bois ou les tissus. Les tombes sibériennes de Pazyryk renfermaient les corps et les vêtements de cavaliers scythes, ainsi que les belles tentures qui décoraient leur sépulture. Des tatouages d'animaux étaient même visibles sur la peau de la dépouille d'un chef ! Qui sait, la glace a peut-être aussi conservé une lettre de l'énigme : **la sixième lettre du nom des cavaliers nomades qui parcouraient jadis les steppes de l'Asie centrale.**

tenture scythe

À partir d'Arzhan, vous pouvez vous rendre à...

17	18	22
Our, Irak **4 500 km**	**Mohenjo-Daro, Pakistan** **3 500 km**	**Zhoukoudian, Chine** **2 200 km**

Préparez-vous à un surprenant tête-à-tête avec un ancêtre lointain avant d'atteindre la **page 63.** ◀

Oviraptor vous couvera des yeux, telle une mère dévouée, jusqu'à la **page 81.** ◀

Suivez une harde d'*Embolotherium* qui vous guidera, au pif, vers la **page 117.** ▶

Estemmenosuchus était un reptile mammalien (groupe qui a donné naissance aux mammifères). Il vivait en Asie il y a plus de 250 millions d'années, c'est-à-dire avant l'apparition des dinosaures. Ce reptile trapu de 3 à 4 m de long possédait d'étranges protubérances osseuses sur le crâne.

Oviraptor était un petit dinosaure à bec édenté apparenté aux oiseaux. Ce reptile de 2 m de long était incapable de voler, mais il possédait sans doute des plumes et couvait ses œufs, comme les oiseaux. *Oviraptor* vivait en Asie il y a environ 80 millions d'années.

Embolotherium était un gros mammifère doté d'une drôle de protubérance osseuse sur le nez. Cet herbivore mesurait 5 m de long et 2,5 m de haut, soit presque la taille d'un éléphant ! Des hardes d'*Embolotherium* parcouraient les plaines asséchées de la Mongolie, il y a 30 à 55 millions d'années.

Brrrr! Comme il fait froid! Les terres, complètement dépourvues de végétation, sont en grande partie recouvertes de glace. Malgré tout, un phénomène extraordinaire suit son cours dans les océans… Plongez-y!

Pour l'instant, vous ne voyez âme qui vive. Soudain, les rayons du soleil, filtrés par l'eau froide et peu profonde, illuminent un étrange royaume sous-marin. Des êtres sans queue ni tête y règnent! Leur corps gélatineux côtoie le fond sablonneux. Certains, fixés dans les sédiments, ont la forme d'arbres ou de plumes et se laissent bercer par le léger courant. D'autres, immobiles, ressemblent à des vases, des soucoupes volantes ou d'énormes paillassons vivants! Ces créatures seraient-elles tout droit sorties d'un film de science-fiction?

Ce royaume gélatineux existe réellement ; du moins, dans le passé très lointain où vous vous trouvez ! En fait, ces êtres primitifs sont au nombre des premiers animaux !

•••

La vie serait apparue dans les océans, il y a 3,8 milliards d'années. Les premiers êtres vivants ressemblaient à des bactéries (des êtres microscopiques formés d'une seule cellule). Ils vivaient sans doute dans les grands fonds océaniques où ils se nourrissaient d'éléments chimiques provenant de sources chaudes qui jaillissent des profondeurs de la Terre. Ces êtres vivants s'accommodaient très bien de l'absence d'oxygène et ils se multiplièrent. Si bien que la concurrence devint trop forte pour la nourriture chimique. Un groupe, appelé cyanobactéries, déménagea alors vers la surface des océans et utilisa une nouvelle source d'énergie : le Soleil. Grâce à la lumière du Soleil, les cyanobactéries transformèrent le gaz carbonique (présent dans l'air) en sucres, des aliments permettant leur croissance. Cette transformation produisit également de l'oxygène. Certains êtres vivants tirèrent profit de ce nouveau gaz et l'utilisèrent comme carburant pour respirer et produire plus d'énergie. La vie se complexifia. Il y a environ 1 milliard d'années, des

▲
Charnia
Charnia était un animal en forme de plume qui mesurait 50 centimètres de long. Un crampon lui permettait de s'attacher solidement au fond.

▲
Tribrachidium
Tribrachidium fut l'un des premiers animaux pluricellulaires. Cette petite créature en forme de disque possédait trois «bras» symétriques repliés sur son corps.

animaux pluricellulaires (constitués de plusieurs cellules) commencèrent à peupler les océans. Les cellules de ces animaux étaient spécialisées pour accomplir une tâche précise. Certaines d'entre elles se chargeaient de la respiration, d'autres s'occupaient de l'alimentation, d'autres encore veillaient à la reproduction.

LES ANIMAUX LES PLUS ANCIENS

En 1947, le géologue Reginald C. Sprigg découvrit dans les collines d'Ediacara, en Australie, un site regorgeant de fossiles d'animaux étranges et très anciens. Ces créatures vivaient probablement sur les fonds des mers primitives, il y a 600 millions d'années. Leurs empreintes laissent deviner qu'il s'agissait d'animaux au corps mou, sans squelette ni coquille. Leur taille variait de moins de 1 centimètre à plus de 1 mètre. Les créatures d'Ediacara sont les plus vieux animaux pluricellulaires connus à ce jour. Ils sont apparus au Précambrien, la première ère de l'histoire de notre Terre (de −4600 à −543 millions d'années).

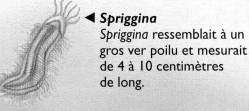

◀ Spriggina
Spriggina ressemblait à un gros ver poilu et mesurait de 4 à 10 centimètres de long.

▲
Kimberella
Kimberella fut peut-être le premier organisme à posséder une cavité interne permettant d'abriter des organes.

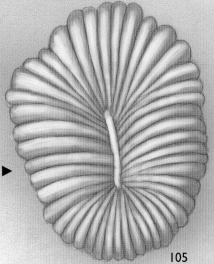

Dickinsonia ▶
Dickinsonia pouvait atteindre 1 mètre de long et ressemblait plus à un paillasson qu'à un animal.

Les fonds marins qui hébergeaient les créatures d'Ediacara font aujourd'hui partie de la chaîne de montagnes Flinders, située dans le Sud aride de l'Australie. Ce massif aux teintes orangées forme un spectacle d'une grande beauté. Non loin des collines d'Ediacara se dresse le Wilpena Pound, un gigantesque amphithéâtre naturel. Assoyez-vous dans ses gradins de roche. Qui sait, les cris d'une foule d'oiseaux pourraient vous révéler deux lettres de l'énigme : **la troisième et la huitième lettre d'une créature en forme de disque qui fut l'un des premiers animaux pluricellulaires.**

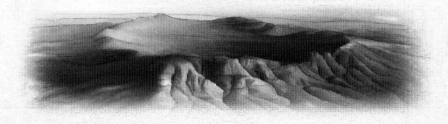

À partir d'Ediacara, vous pouvez vous rendre à...

25	14	23
Naracoorte, Australie 800 km	Karoo, Afrique du Sud 10 400 km	Terre d'Arnhem, Australie 2 000 km

Utilisez votre langue et vos griffes pour extirper l'information contenue dans la **page 25.** ◄

Ne soyez pas frileux ! Plongez dans une eau glaciale en compagnie d'*Anthropornis* et nagez jusqu'à la **page 41.** ◄

Traversez l'Australie accompagné de l'oiseau du tonnerre et parvenez en un éclair à la **page 59.** ◄

Palorchestes vivait en Australie il y a environ 8 millions d'années. Ce marsupial herbivore de la taille d'un ours ressemblait à un tapir. Il avait une courte trompe, une longue langue et de grandes griffes utilisées sans doute pour arracher des arbustes ou l'écorce des arbres.

Les plus vieux fossiles de manchots datent de quelque 60 millions d'années. Le plus grand manchot connu est *Anthropornis*, un oiseau inapte au vol qui pouvait atteindre plus de 1,5 m, soit presque la taille d'un humain ! Il vivait sur une île près de l'Antarctique il y a environ 40 millions d'années.

Dromornis, surnommé oiseau du tonnerre, vécut en Australie il y a 6 à 8 millions d'années. Avec une hauteur d'environ 3 m et un poids de quelque 500 kg, ce géant incapable de voler est considéré comme l'un des plus gros oiseaux de tous les temps.

Les petites maisons au toit de chaume et les montagnes des Alpes se reflètent dans les eaux du lac Hallstatt. Dans ce paysage d'une grande beauté, vous vous apprêtez à exercer un métier infernal…

Avalez rapidement un ragoût de haricots avant d'enfiler vos chaussures et votre bonnet de cuir. N'oubliez pas vos outils : un pic et une torche. Vous êtes maintenant prêt à vous enfoncer dans les profondeurs obscures de la mine, creusée à flanc de montagne. Des bretelles permettent de maintenir sur votre dos un grand récipient en forme de cône. Avec un peu de chance, vous rapporterez dans cette hotte plusieurs kilogrammes de la matière qui fait la renommée de votre région et de votre peuple. La substance en question est aussi précieuse que l'or et de loin plus utile ! En fait, cette montagne renferme de l'or « blanc »…

L'or blanc en question est le sel. Il contribuera non seulement à fonder une grande civilisation (l'une des plus anciennes d'Europe), mais également à conserver les traces de celle-ci… Vous voici chez les Celtes.

LES TOMBES DE HALLSTATT

En 1846, les employés d'une mine de sel à Hallstatt, en Autriche, déterrèrent des restes humains très anciens. Un dirigeant de la mine, Johann Georg Ramsauer, entreprit alors des fouilles rigoureuses et mit au jour toute une nécropole celte. Une nécropole est un grand cimetière antique. Ramsauer explora près de 1 000 tombes datant du 8e au 4e siècle avant notre ère et exhuma plusieurs milliers d'objets celtes (vaisselle en bronze, épées à lame de fer, bijoux, etc.). Dans les galeries minières adjacentes à la nécropole, des outils et des vêtements de mineurs celtes ont été préservés grâce aux propriétés conservatrices du sel.

pic et hotte de mineur ▶

La civilisation celte se développa vers −800 dans la région de Hallstatt, une ville de l'Autriche actuelle. Les Celtes prospérèrent grâce à l'exploitation des gisements de sel, qui étaient abondants sur leur territoire. Le sel était une substance très recherchée dans le monde antique car il permettait de conserver les aliments. Les Celtes étaient de redoutables guerriers. Au premier millénaire avant notre ère, ils partirent à la conquête d'une bonne partie de l'Europe. Ils s'installèrent dans des régions aussi éloignées que l'Espagne, le Portugal, l'Italie, la France, les îles britanniques et la Turquie ! La conquête de la Gaule (l'actuelle France) par les Romains dans les années −50 et les invasions des peuples venus du Nord et de l'Est sonnèrent le glas de la civilisation celte.

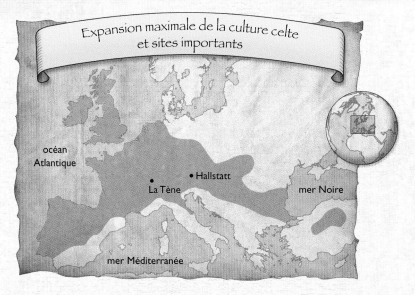

Expansion maximale de la culture celte et sites importants

océan
Atlantique

• La Tène

• Hallstatt

mer Noire

mer Méditerranée

Les différentes tribus celtes partageaient une langue et un mode de vie similaires. Un village regroupait une centaine d'habitants et les maisons étaient souvent construites en bois avec un toit en chaume (paille séchée). La civilisation celte comptait des forgerons très doués. Ces derniers façonnaient de grands boucliers en bronze et des épées en fer très résistantes. Les Celtes étaient plutôt exubérants. Ils portaient des vêtements de couleurs vives et de gros bijoux en or comme des bracelets et des colliers appelés torques. Ils aimaient également faire la fête. Lors des réjouissances, les bardes (des poètes, conteurs et musiciens) chantaient les victoires des courageux guerriers. La bravoure était une qualité si appréciée que les chefs des villages étaient souvent des guerriers émérites. Les druides, de leur côté, étaient les chefs religieux, les intermédiaires entre les humains et les nombreux dieux celtes. Ils étudiaient les astres, dictaient les règles des cérémonies et présidaient aux sacrifices d'animaux ou d'humains.

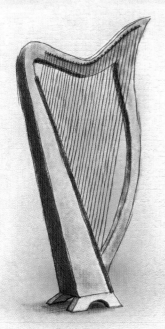

Aujourd'hui, la civilisation des Celtes est disparue, mais leur culture a survécu... Rendez-vous dans certains coins de l'Irlande, de la Grande-Bretagne ou de la France, sur la côte Atlantique. Vous rencontrerez les descendants des Celtes. Ils perpétuent les langues (le gaélique, le gallois et le breton), l'art, les fêtes et la musique de leurs ancêtres. Qui sait, vous pourriez même croiser un vieux barde qui vous chantera une lettre de l'énigme : **la sixième lettre du nom de famille de l'homme qui entreprit des fouilles dans la nécropole de Hallstatt.**

À partir de Hallstatt, vous pouvez vous rendre à...

4	6	2
Messel, Allemagne 400 km	**plaine de Podravina, Croatie** 200 km	**Lyme Regis, Angleterre** 1 300 km

Rendez-vous, chaussé de vos plus beaux sabots, à la **page 129.** ➡

Faites flèche de tout « bois » en accompagnant un troupeau de *Megaloceros* jusqu'à la **page 147.** ➡

Suivez les empreintes de pas fossilisées de l'*Iguanodon*. Elles vous mèneront peut-être à la **page 55.** ⬅

Cainotherium avait une tête de lapin et portait des sabots, comme les cerfs actuels. Il est un parent lointain des chameaux. Les fossiles de ce mammifère herbivore ont été retrouvés en Europe et datent de 5 à 24 millions d'années.

Megaloceros est un cerf géant qui vécut en Asie et en Europe il y a 7 000 à 400 000 ans. Les bois gigantesques des mâles, qui se renouvelaient tous les ans, pouvaient s'étaler sur 3,5 m d'envergure et peser près de 50 kg ! Un record !

Iguanodon est l'un des premiers dinosaures découverts et l'un des mieux connus. Ses nombreux fossiles ont été retrouvés en Europe, en Asie, en Afrique, en Australie et en Amérique du Nord. Ce gros herbivore de 10 m de long était commun il y a 100 à 160 millions d'années.

Onnia, l'étrange trilobite que vous avez décidé de suivre, n'aime surtout pas se presser… Cette petite créature primitive, qui mesure environ 3 centimètres de long, est probablement aveugle et passe le plus clair de son temps enfouie dans les sédiments du fond marin. Il vous faudra donc vous armer de beaucoup de patience pour effectuer un voyage avec elle jusqu'à la page 69. ◄

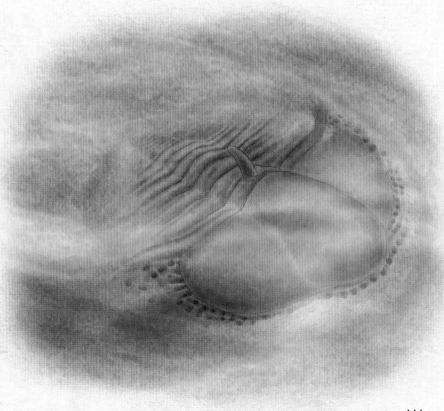

Attention! Les premiers nautiles, tels qu'*Endoceras*, sont de redoutables prédateurs, les plus gros de leur époque. Ces créatures marines apparentées aux pieuvres peuvent atteindre, avec leur coquille, 5 mètres de long! Elles sont armées de terribles tentacules qui leur permettent de saisir et dévorer les proies de passage. Évitez, pour le moment, de vous aventurer dans l'océan et optez pour un mode de déplacement plus prudent à la page 88. ◀

Autour de vous, la forêt s'étend à perte de vue. La nuit tombe et un vent frisquet se lève. Dépêchez-vous de chercher un refuge. Vous ne voyez autour de vous que des arbres, quelques collines et une rivière. Anxieux, vous décidez de longer la rivière lorsque vous vous sentez soudainement interpellé...

– Pssssss...

D'où provient ce susurrement ? Vous êtes à la fois intrigué et épouvanté.

– Pssssss...

Regardez là-haut, sur la petite crête qui surplombe la rivière ! Un feu est allumé ! Guidé par la lueur des flammes, vous grimpez avec empressement la pente boisée qui vous sépare de ce que vous croyez être un campement.

Ce dont vous ne vous doutez pas, c'est que vous vous apprêtez à entrer dans la gueule d'un serpent mesurant des centaines de mètres de long...

Soyez tranquille, vous ne serez pas dévoré. La bête en question n'est pas vivante. Ce grand serpent constitue en fait l'une des œuvres les plus célèbres réalisées par les Amérindiens...

•••

Il y a plusieurs siècles, les Amérindiens habitant les vallées de l'Ohio et du Mississippi, dans l'Est des États-Unis, étaient de grands bâtisseurs de monticules de terre. Ces derniers se comptaient par milliers et adoptaient des formes géométriques ou animales. Ils pouvaient atteindre plusieurs mètres de haut et s'étirer sur des centaines de mètres !

LE GRAND MONTICULE DU SERPENT

Le plus célèbre monticule de terre fut découvert en Ohio (É.-U.). C'est le Great Serpent Mound, ou Grand Monticule du Serpent. Ce dernier mesure plus de 400 mètres de long (environ 4 fois la longueur d'un terrain de football) et quelque 7 mètres de large ! Les archéologues ne s'entendent pas sur les auteurs de ce chef-d'œuvre et le moment de son édification. Aucune tombe n'a encore été retrouvée à l'intérieur. En outre, il est très difficile de dater les monticules de terre. Les traces de foyers retrouvées près de la tête du serpent nous laissent croire que ce monticule servit de lieu de rencontre lors de cérémonies religieuses.

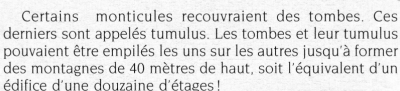

Certains monticules recouvraient des tombes. Ces derniers sont appelés tumulus. Les tombes et leur tumulus pouvaient être empilés les uns sur les autres jusqu'à former des montagnes de 40 mètres de haut, soit l'équivalent d'un édifice d'une douzaine d'étages ! La plupart des grands tumulus ont été érigés par les civilisations adena et hopewell.

tumulus ▶

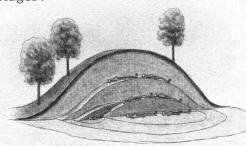

La civilisation adena est l'une des plus anciennes des États-Unis. Elle prospéra au 1er millénaire avant notre ère dans la vallée de l'Ohio. La culture adena réunissait divers peuples amérindiens qui partageaient le même mode de vie et le même réseau d'échanges. Ils vivaient de la chasse, de la cueillette et de la culture de plantes comme la courge et le tournesol. Les Adenas furent les premiers Amérindiens à édifier de grands tumulus au-dessus de leurs tombes. La plupart avaient la forme d'un cône.

La culture hopewell succéda à la culture adena, dans les bassins du Mississippi et de l'Ohio. Elle s'épanouit entre −200 et 500. Cette brillante civilisation mena l'art de l'édification de tumulus à son apogée. Ses monuments étaient plus gros que ceux de ses prédécesseurs et pouvaient prendre diverses formes (cercles, carrés, octogones, etc.). Certains monticules contenaient les restes de plus de 100 personnes! Ces tumulus ont sans doute nécessité des travaux titanesques de déplacements de terre impliquant toute la communauté. Les objets découverts dans les tombes hopewell nous indiquent que cette civilisation était le centre d'un gigantesque réseau d'échanges. Les matériaux utilisés dans la fabrication des haches, des pipes et des bijoux, par exemple, provenaient d'aussi loin que le Canada, le golfe du Mexique ou les montagnes Rocheuses!

homme hopewell

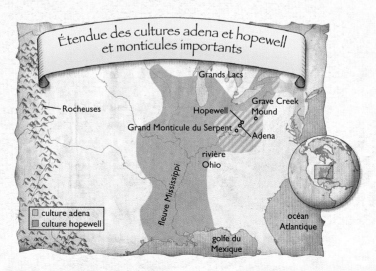

Étendue des cultures adena et hopewell et monticules importants

Grands Lacs

Rocheuses

Hopewell

Grave Creek Mound

Grand Monticule du Serpent

Adena

rivière Ohio

fleuve Mississippi

☐ culture adena
☐ culture hopewell

océan Atlantique

golfe du Mexique

Au 18ᵉ siècle, les colons européens rasèrent des centaines de tumulus pour faire place à des terres cultivées. Il fallut attendre la fin du 19ᵉ siècle pour que des archéologues se penchent sérieusement sur ces chefs-d'œuvre réalisés par les Amérindiens. Les tumulus sont aujourd'hui protégés et étudiés afin d'éclaircir l'histoire des autochtones d'Amérique. Survolez les États-Unis à bord d'un avion pour tenter de repérer les immenses monticules. L'un d'eux pourrait prendre la forme d'un cône, d'un oiseau ou d'une lettre de l'énigme : **la troisième lettre du nom de la première civilisation qui prospéra dans la vallée de l'Ohio.**

 De la vallée de la Brush Creek, vous pouvez vous rendre à...

27	29	30
Burgess, Canada 2 900 km	**Miguasha, Canada** 1 700 km	**La Venta, Mexique** 2 500 km

En avant la musique ! Un concert de *Parasaurolophus* accompagne votre marche vers la **page 143.** ➡	Suivez un proche parent des premiers mammifères jusqu'à la **page 73.** ◀	Accompagnez un troupeau de *Triceratops* qui vous guidera lentement mais sûrement vers la **page 33.** ◀

Le dinosaure à crête *Parasaurolophus* mesurait jusqu'à 10 m de long. Sa crête, qui pouvait mesurer près de 2 m de long, servait probablement à produire des sons. Ce gros herbivore nord-américain vécut il y a 65 à 80 millions d'années.

Varanosaurus était un reptile mammalien (ancêtre des mammifères). Il vécut il y a 245 à 285 millions d'années dans ce qui est aujourd'hui le centre des États-Unis. Ce carnivore mesurait environ 1,5 m de long, incluant sa longue queue.

Triceratops, un dinosaure nord-américain de près de 10 m de long, vécut il y a 65 à 70 millions d'années. Cet herbivore utilisait ses trois cornes comme moyen de défense. La collerette osseuse qui prolongeait son immense crâne changeait peut-être de couleur pour impressionner ses rivaux.

Vous êtes fatigué de marcher. Vous suivez un groupe d'humains grands et robustes qui se dirigent d'un bon pas vers le soleil levant. Ne s'arrêteront-ils jamais ? Vous avez la vague impression que ces individus aux longues jambes marchent depuis toujours… La vérité n'est pas loin. Leurs ancêtres ont été les premiers à sortir d'Afrique, le berceau de l'humanité, pour se déplacer vers le nord et vers l'est en quête de nouvelles terres de chasse. Depuis des dizaines, voire des centaines de milliers d'années, ils ont parcouru à pied, de génération en génération, plus de 10 000 kilomètres !

Des montagnes apparaissent à l'horizon et viennent briser la monotonie de la plaine. Brrrrr ! Le temps se refroidit. Mais comment ces humains peuvent-ils supporter cet environnement glacial ? Le chef de votre groupe pointe l'entrée d'une grotte et commande enfin une halte. On s'assure d'abord que l'abri n'est pas déjà occupé par une bande d'hyènes des cavernes. Le champ est libre. Au moment où vous tentez tant bien que mal de vous réchauffer dans cet antre humide, une épaisse fumée noire envahit la grotte… Au feu !

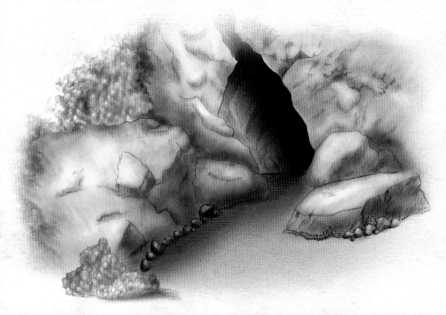

Du calme! Les individus que vous accompagnez connaissent bien le feu. Voici, rassemblés autour d'un foyer, des humains appelés *Homo erectus*!

Homo erectus associe les termes latins « homo » qui signifie « homme » et « erectus » qui signifie « dressé ». Il a été ainsi nommé parce qu'il se tenait droit sur ses jambes.

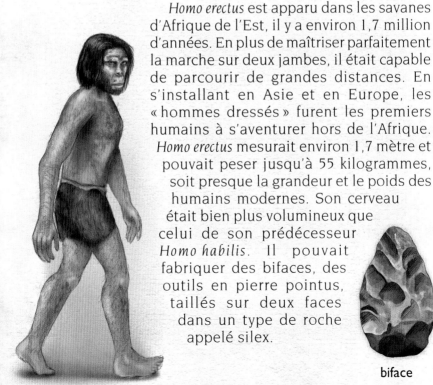

Homo erectus est apparu dans les savanes d'Afrique de l'Est, il y a environ 1,7 million d'années. En plus de maîtriser parfaitement la marche sur deux jambes, il était capable de parcourir de grandes distances. En s'installant en Asie et en Europe, les « hommes dressés » furent les premiers humains à s'aventurer hors de l'Afrique. *Homo erectus* mesurait environ 1,7 mètre et pouvait peser jusqu'à 55 kilogrammes, soit presque la grandeur et le poids des humains modernes. Son cerveau était bien plus volumineux que celui de son prédécesseur *Homo habilis*. Il pouvait fabriquer des bifaces, des outils en pierre pointus, taillés sur deux faces dans un type de roche appelé silex.

biface

Homo erectus

On pense qu'*Homo erectus* fut le premier humain à maîtriser le feu. Il se servit d'abord de celui qu'il trouvait dans la nature, après que la foudre avait frappé, par exemple. Puis, il y a environ 500 000 ans, il apprit à fabriquer le feu lui-même. Pour ce faire, il frappait deux pierres ensemble. Les étincelles ainsi produites pouvaient enflammer des brindilles. Une autre technique consistait à faire pivoter rapidement un morceau de bois dans un autre. Les minuscules braises pouvaient alors enflammer de la mousse séchée, par exemple. Le feu permettait à *Homo erectus* de se chauffer, de s'éclairer et d'éloigner les bêtes sauvages.

Le feu était également utile dans la confection des outils. La flamme permettait de durcir la pointe des lances en bois et facilitait la taille de la pierre. Enfin, la viande pouvait être cuite sur les braises et devenait plus facile à mâcher et à digérer.

LA GROTTE DE LA RIVIÈRE ZHOUKOU

La grotte de Zhoukoudian, près de Beijing (Pékin) en Chine, a été fouillée pour la première fois dans les années 1920. Cette grotte fut occupée par des groupes d'*Homo erectus* entre −550 000 et −230 000 ans. Elle a livré près de 100 000 outils préhistoriques ainsi que des crânes d'*Homo erectus*. Des traces d'anciens foyers, des restes de cendres et des os calcinés laissent penser que les occupants de cet abri maîtrisaient le feu.

Avec la disparition d'*Homo erectus* il y a environ 200 000 ans et l'extinction d'*Homo neanderthalensis* quelque 30 000 ans avant notre ère, les scientifiques ont longtemps cru que le seul humain restant sur terre était *Homo sapiens*, ou l'être humain moderne. Or, en 2003, une équipe de paléontologues fit une découverte spectaculaire sur l'île de Flores, en Indonésie. Ils mirent au jour des ossements humains appartenant à des descendants d'*Homo erectus* qui auraient vécu sur cette île il y a seulement 18 000 ans ! Les individus de Flores, appelés *Homo floresiensis*, avaient la taille d'enfants de trois ans !

À partir de Zhoukoudian, vous pouvez vous rendre à...

21	27	20
Xianyang, Chine **900 km**	**Burgess, Canada** **8 700 km**	**Arzhan, Russie** **2 200 km**

La rencontre d'une colonie de *Confuciusornis* vous donnera des ailes jusqu'à la **page 11.** ◄

Volez sous l'eau en compagnie de la tortue *Archelon* jusqu'à la **page 143.** ➡

Pour calmer votre faim, rien de mieux qu'une chasse aux dinosaures. Suivez *Repenomamus* jusqu'à la **page 99.** ◄

Confuciusornis était un oiseau carnivore primitif de la taille d'un pigeon. Ses ailes étaient dotées de doigts et de griffes ! Ses fossiles, retrouvés en Chine, datent de plus de 120 millions d'années. Certains spécimens (les mâles peut-être) avaient de longues plumes sur la queue.

Archelon était une tortue marine géante qui avait la taille d'une voiture ! Les puissants battements de ses nageoires de devant lui permettaient de filer sous l'eau comme un oiseau dans les airs. Ses fossiles, qui datent d'environ 75 millions d'années, ont été retrouvés en Amérique du Nord.

À l'époque des dinosaures, les mammifères étaient de petite taille et se terraient pour échapper aux terribles reptiles. *Repenomamus* fait exception. Ce mammifère carnivore qui pouvait mesurer 1 m de long incluait dans son menu... des petits dinosaures ! Il vivait en Chine il y a 130 millions d'années.

L a chaleur et l'humidité intenses ont favorisé le foisonnement des plantes. Parmi celles-ci se trouve une nouveauté haute en couleur : les fleurs. Inspirez ! Elles imprègnent l'air d'un parfum envoûtant.

L'environnement dans lequel vous vous trouvez vous est familier. Ici, une grenouille plonge dans un étang en évitant de justesse un de vos pieds. Là, un petit serpent enroulé sur une pierre se fait dorer sous les chauds rayons du soleil. Plus loin, un lézard gobe une mouche en un clin d'œil. Regardez ! Un papillon coloré virevolte autour de vous avant de se poser sur une fleur pour boire son nectar. Décidément, vous n'êtes pas trop dépaysé… jusqu'à ce que la terre se mette à trembler !

Croyez-le ou non, ce tremblement de terre n'est pas causé par une secousse sismique, mais par les pas lourds d'un troupeau de dinosaures gigantesques qui se déplacent lentement dans votre direction. Vous voici à l'époque où règnent les plus grandes créatures terrestres connues : les sauropodes !

• • •

Au cours du Crétacé, la période de l'histoire de notre planète qui s'étend de –146 à –66 millions d'années, certains dinosaures grossirent. Ce fut le cas, notamment, des herbivores géants au long cou appelés sauropodes. Les sauropodes qui peuplèrent l'actuelle Argentine (les titanosaures) atteignirent des tailles gigantesques. Les dinosaures carnivores, appelés théropodes, battirent eux aussi des records de taille et de poids.

LE ROYAUME DES GÉANTS

Les plus gros dinosaures que la Terre ait connus ont été retrouvés dans le Sud de l'Argentine. En 1988, on y découvrit les fossiles d'un sauropode géant, que les paléontologues baptisèrent *Argentinosaurus*. Ce dernier pouvait mesurer jusqu'à 40 mètres de long ! Quelques années plus tard, un paléontologue amateur argentin découvrit le squelette d'un dinosaure carnivore géant qu'on baptisa *Giganotosaurus*. Ce dernier pouvait mesurer 14 mètres de long, soit 2 mètres de plus que le célèbre *Tyrannosaurus*.

▲

Argentinosaurus
Le titanosaure *Argentinosaurus* est le plus gros sauropode connu. Les scientifiques ont estimé qu'il pouvait peser jusqu'à 100 tonnes, soit environ 20 fois le poids d'un éléphant !

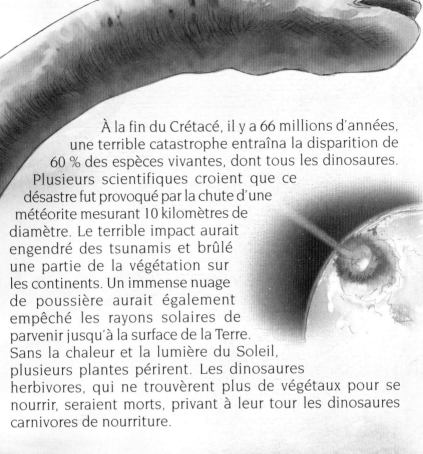

À la fin du Crétacé, il y a 66 millions d'années, une terrible catastrophe entraîna la disparition de 60 % des espèces vivantes, dont tous les dinosaures. Plusieurs scientifiques croient que ce désastre fut provoqué par la chute d'une météorite mesurant 10 kilomètres de diamètre. Le terrible impact aurait engendré des tsunamis et brûlé une partie de la végétation sur les continents. Un immense nuage de poussière aurait également empêché les rayons solaires de parvenir jusqu'à la surface de la Terre. Sans la chaleur et la lumière du Soleil, plusieurs plantes périrent. Les dinosaures herbivores, qui ne trouvèrent plus de végétaux pour se nourrir, seraient morts, privant à leur tour les dinosaures carnivores de nourriture.

◄ **Giganotosaurus**
Giganotosaurus est le plus gros des dinosaures carnivores que l'on ait retrouvés à ce jour. La longueur du crâne de ce redoutable prédateur équivalait à la taille d'un homme !

Avant de quitter la province de Neuquén, en Argentine, ne manquez pas de visiter le musée Carmen Funes à Plaza Huincul. Vous y découvrirez des vertèbres (os courts de la colonne vertébrale) d'*Argentinosaurus*, dont certaines sont presque aussi hautes qu'un humain ! Songez qu'avant l'avènement de la paléontologie, au 19e siècle, les gens qui déterraient par hasard des ossements de dinosaures croyaient avoir découvert les restes de créatures mythiques, des dragons ou des hommes géants par exemple. C'est l'Anglais Richard Owen qui conclut, en 1842, que ces restes devaient appartenir à des reptiles géants ayant vécu en des temps reculés. Il leur donna le nom de dinosaure, un mot grec qui signifie « lézard terrible ».

À partir du Neuquén, vous pouvez vous rendre à...

25	33	14
Naracoorte, Australie 11 000 km	vallée de la Lune, Argentine 1 000 km	Karoo, Afrique du Sud 7 700 km

Bothriolepis vous accueille à «bras ouverts» et vous accompagnera jusqu'à la **page 25.** ◄

Munissez-vous de l'imposante armure d'*Ankylosaurus* pour vous rendre en sécurité à la **page 15.** ◄

Tel un oiseau de la terreur, élancez-vous vers l'Afrique et ne faites qu'une bouchée de la **page 90.** ◄

Bothriolepis vivait au fond des mers peu profondes il y a plus de 360 millions d'années. Cet étrange poisson plat, qui pouvait mesurer 1 m, était recouvert en partie de plaques osseuses. *Bothriolepis* était pourvu de poumons primitifs et de «bras» qui l'aidaient peut-être à sortir de l'eau.

Ankylosaurus vécut il y a 65 à 70 millions d'années. Ce dinosaure possédait des épines, un corps massif couvert de plaques osseuses et une puissante queue terminée par une masse. Des ossements et des empreintes de cet herbivore de 10 m de long ont été retrouvés en Amérique.

Les phorusrhacidés, surnommés oiseaux de la terreur, sont les plus gros oiseaux carnivores de tous les temps. Ces prédateurs terrifiants vécurent principalement en Amérique du Sud, il y a 2,5 à 65 millions d'années. Certains spécimens pouvaient mesurer près de 3 m de haut et peser 500 kg !

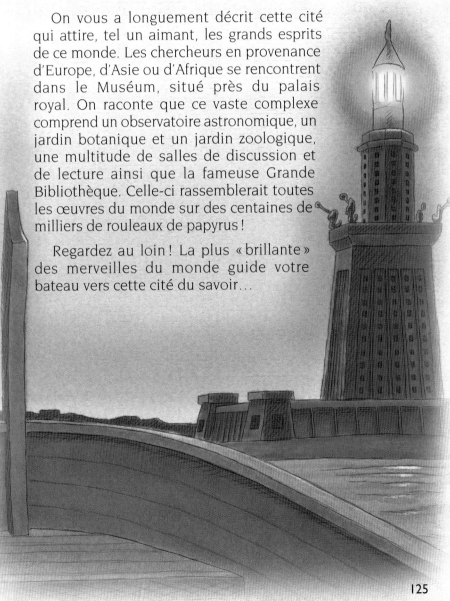

Le navire qui vous transporte fend les vagues de la Méditerranée avec l'agilité d'un dauphin. Votre destination est Alexandrie, la capitale des sciences et du savoir. Vous allez bientôt enrichir vos connaissances aux côtés d'illustres savants, dont Archimède !

On vous a longuement décrit cette cité qui attire, tel un aimant, les grands esprits de ce monde. Les chercheurs en provenance d'Europe, d'Asie ou d'Afrique se rencontrent dans le Muséum, situé près du palais royal. On raconte que ce vaste complexe comprend un observatoire astronomique, un jardin botanique et un jardin zoologique, une multitude de salles de discussion et de lecture ainsi que la fameuse Grande Bibliothèque. Celle-ci rassemblerait toutes les œuvres du monde sur des centaines de milliers de rouleaux de papyrus !

Regardez au loin ! La plus « brillante » des merveilles du monde guide votre bateau vers cette cité du savoir…

Voici le phare d'Alexandrie! Cette tour lumineuse est l'emblème d'une époque riche en connaissances, celle où rayonne la civilisation hellénistique.

LE PHARE SURGIT DES FLOTS

Dans les années 1990, l'archéologue français Jean-Yves Empereur découvrit plusieurs vestiges de l'antique ville d'Alexandrie, submergée par la montée du niveau de la mer Méditerranée. Les plongeurs remontèrent à la surface les colonnes d'un palais et de magnifiques pierres sculptées. Certaines appartenaient au phare d'Alexandrie.

Au 4e siècle avant notre ère, la Grèce était constituée de cités autonomes perpétuellement en guerre. Pendant ce temps, un royaume vit le jour en Macédoine, un territoire situé au nord de la Grèce. Son roi, Philippe II, profita de l'épuisement des cités grecques pour conquérir une partie d'entre elles. En −336, son fils Alexandre, âgé de 20 ans, lui succéda. En peu de temps, le jeune Macédonien se rendit maître de la Grèce, de l'Égypte et de l'immense Empire perse. Son courage et sa détermination lui valurent le nom d'Alexandre le Grand. Ses conquêtes successives menèrent son armée jusqu'aux portes de l'Inde ! Alexandre mourut en −323 d'une violente fièvre, sans laisser d'héritier. Des généraux macédoniens se disputèrent alors son empire colossal. Celui-ci fut finalement divisé en plusieurs royaumes dirigés par les généraux, devenus rois. Alexandre le Grand, tout comme les rois qui lui succédèrent, étaient de fervents admirateurs de la culture et de la langue grecques. Ils propagèrent celles-ci en Égypte et en Orient. Le mélange des cultures grecque, égyptienne et orientale engendra la civilisation hellénistique. Celle-ci s'acheva en −31 lorsque son dernier bastion, l'Égypte, tomba aux mains des Romains.

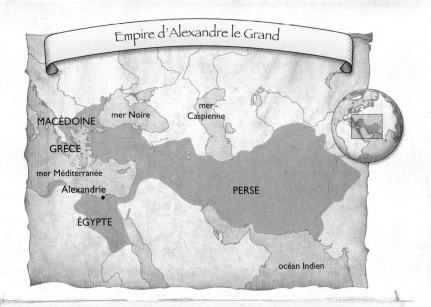

Empire d'Alexandre le Grand

MACÉDOINE
mer Noire
mer Caspienne
GRÈCE
mer Méditerranée
Alexandrie
PERSE
ÉGYPTE
océan Indien

L'adjectif « hellénistique » vient du mot grec « hellên » qui désigne les Grecs de l'Antiquité. Il caractérise la période historique comprise entre la mort d'Alexandre et la conquête romaine de l'Égypte.

La ville égyptienne d'Alexandrie, fondée en −332 par Alexandre le Grand, fut au cœur de la civilisation hellénistique. Son célèbre phare, haut d'environ 122 mètres, guidait les bateaux grâce à des miroirs à son sommet. Ceux-ci réfléchissaient la lumière du soleil le jour et la lueur d'un feu de bois la nuit. L'époque hellénistique connut un véritable bouillonnement d'idées rarement égalé dans l'histoire de l'humanité. Le Muséum d'Alexandrie accueillit des savants célèbres tels qu'Archimède, Euclide, Ératosthène, Hipparque et Aristarque de Samos. Archimède, l'un des plus grands génies de tous les temps, mit au point d'astucieux systèmes d'engrenages, de leviers et de poulies ainsi qu'une vis spéciale permettant d'irriguer les terres. Le savant Euclide, spécialiste en géométrie, enseigna au Muséum d'Alexandrie et fonda une école de mathématiques. Le scientifique Ératosthène calcula avec une certaine précision la circonférence de la Terre. Hipparque conçut le premier catalogue d'étoiles. Aristarque de Samos fut le premier à émettre l'idée que la Terre tourne sur elle-même et autour du Soleil.

Au Moyen Âge, une série de tremblements de terre détruisirent le monumental phare d'Alexandrie. Quant au Muséum et à sa Grande Bibliothèque, ils furent réduits en cendres lors d'une guerre qui se déroula au troisième siècle de notre ère. Ce grand malheur priva l'humanité d'une montagne de connaissances accumulées pendant près de 500 ans par les savants de l'Antiquité. Quelles œuvres magistrales ou quelles découvertes révolutionnaires auraient pu nous être révélées dans ces rouleaux de papyrus ?

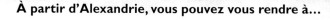

À partir d'Alexandrie, vous pouvez vous rendre à...

11	**8**	**16**
Thèbes, Égypte **700 km**	**Olympie, Grèce** **1 000 km**	**Jéricho, Palestine** **500 km**

Pataugez lentement dans les cours d'eau jusqu'à la **page 151.** ➡	Attention ! *Belemnoteuthis* vous a à l'œil jusqu'à la **page 69.** ⬅	Marchez d'un pas nonchalant à côté d'*Arsinoitherium* jusqu'à la **page 19.** ⬅

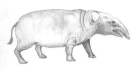  

Moeritherium est sans doute l'éléphant le plus primitif. Ce mammifère herbivore de la taille d'un gros cochon vivait dans les milieux aquatiques de l'Afrique du Nord, il y a quelque 35 millions d'années. Son mode de vie était semblable à celui des hippopotames d'aujourd'hui.

Belemnoteuthis était un mollusque carnivore apparenté aux calmars. Il possédait de grands yeux, dix redoutables tentacules et un long corps hydrodynamique qui lui permettait de se propulser rapidement. Il vivait dans les mers qui recouvraient l'Europe il y a plus de 65 millions d'années.

Arsinoitherium était un mammifère qui ressemblait à un gros rhinocéros avec deux énormes cornes sur son museau. Cet imposant herbivore de 3,5 m de long vivait dans les milieux humides d'Asie et d'Afrique (notamment en Égypte), il y a environ 35 millions d'années.

Un climat chaud s'est installé sur la planète, entraînant la prolifération des jungles. Dans la forêt tropicale européenne où vous vous trouvez, les plantes grimpantes enlacent les troncs d'arbre et les arbres fruitiers imprègnent l'air d'une odeur délicieuse. Cet endroit est un vrai coin de paradis.

Soyez tout de même vigilant. Ce paradis peut se transformer en enfer si un prédateur se manifeste. Justement, un oiseau plus gros que vous et ressemblant à un aigle jaillit d'un bosquet. Ce géant carnivore est incapable de voler, mais il est un excellent sprinteur. Le voici justement qui fonce sur vous en ouvrant son grand bec crochu ! Votre seule planche de salut est le palmier qui se trouve près de vous. Vite ! Grimpez !

Vous l'avez échappé belle ! Alors que vous vous remettez lentement de vos émotions, vous réalisez que vous n'êtes pas seul sur votre branche… Des bêtes à poils vous regardent avec de grands yeux intrigués.

Ces mignonnes créatures ont profité de la disparition récente des dinosaures pour sortir des abris souterrains où elles se terraient. Elles sont encore un peu timides, surtout avec ces grands oiseaux carnivores qui rôdent. Néanmoins, elles s'apprêtent à régner en maîtres sur la planète ! Voici enfin venu le temps des mammifères !

•••

Il y a 66 millions d'années, les dinosaures disparaissaient de la surface de la Terre. Les mammifères, alors de très petite taille, tirèrent avantage de l'extinction de ces grands prédateurs. Au Paléogène, la période de l'histoire terrestre qui s'étend de –66 à –23 millions d'années, ils se diversifièrent, occupèrent de nouveaux écosystèmes et devinrent de plus en plus gros. Si les mammifères connurent (et connaissent toujours) un tel succès, c'est sans contredit grâce à une série de caractéristiques ultraperfectionnées. Ils sont munis de dents spécialisées, adaptées à toutes sortes de nourriture. Ils sont recouverts d'un pelage qui conserve la chaleur du corps et sont homéothermes, c'est-à-dire qu'ils arrivent à maintenir la température de leur corps constante, quelle que soit la température extérieure. De plus, les femelles mammifères portent leurs petits dans leur ventre, ce qui les protège mieux qu'un œuf. Enfin, à leur naissance, les jeunes peuvent boire le lait nutritif qui coule des mamelles de leur mère.

LES FOSSILES EXCEPTIONNELS DE MESSEL

Le site de Messel, en Allemagne, a livré des dizaines de milliers de fossiles exceptionnellement bien conservés, vieux de presque 50 millions d'années. Parmi les animaux fossilisés se trouvent des insectes, des poissons, des oiseaux, des reptiles, des amphibiens et des mammifères. Ces derniers montrent une étonnante diversité pour l'époque. Chevaux, primates, cervidés primitifs, rongeurs, fourmiliers et chauves-souris (pour ne nommer que ceux-ci) partageaient le même écosystème. Le site de Messel fournit la preuve que les mammifères ont proliféré et se sont diversifiés très tôt au Paléogène.

primate primitif

◀ Hyracotherium

Hyracotherium était un cheval primitif qui n'était pas plus gros qu'un chien. Contrairement aux chevaux modernes, il était muni de plusieurs doigts à chaque patte et vivait dans les forêts.

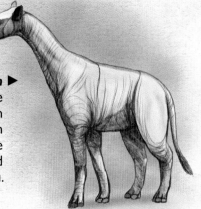

Indricotherium ▶

Indricotherium était un mammifère asiatique qui ressemblait à un mélange entre une girafe et un rhinocéros. Avec ses 7 mètres de haut, cet herbivore est le plus grand mammifère que la Terre ait connu.

◀ Andrewsarchus

Andrewsarchus fut le plus gros mammifère carnivore terrestre de tous les temps. Il mesurait 5 mètres de long! Des restes de ce charognard ont été retrouvés en Mongolie.

DES OISEAUX GÉANTS

Des oiseaux carnivores redoutables, appelés diatrymiformes, firent leur apparition au Paléogène. Ils furent parmi les plus grands prédateurs de leur époque. Ces géants ne pouvaient pas voler, mais ils étaient des coureurs rapides. *Diatryma*, une des espèces les mieux connues, mesurait plus de 2 mètres de haut. Il possédait un bec puissant et d'énormes pattes munies de griffes.

Diatryma

Le site de Messel est aujourd'hui une fosse minière désaffectée. L'endroit est néanmoins enclos et étroitement surveillé afin d'éviter le pillage de ses nombreux trésors fossiles. Ils sont si parfaitement préservés qu'il est possible de connaître le dernier repas de plusieurs animaux. Ainsi, 49 millions d'années après sa mort, les intestins fossilisés d'un cheval nous ont livré des feuilles et des fruits.

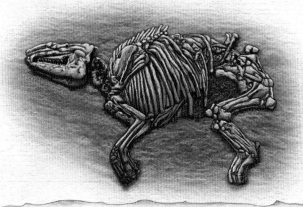

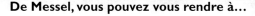

De Messel, vous pouvez vous rendre à...

1	5	20
East Kirkton, Écosse **1 100 km**	**Hallstatt, Autriche** **400 km**	**Arzhan, Russie** **5 600 km**

Prenez de l'élan et déployez vos ailes pour planer jusqu'à la **page 85.** ◀

Redressez-vous et étirez le cou, tel un *Plateosaurus* curieux, afin de repérer la **page 107.** ◀

Voyagez de grotte en grotte jusqu'à la **page 46.** ◀

Coelurosauravus est le premier reptile qui s'élança dans les airs. Ce mangeur d'insectes planait d'un arbre à l'autre à l'aide de ses deux « ailes » de peau. Les fossiles de *Coelurosauravus*, vieux de plus de 250 millions d'années, ont été retrouvés en Europe et à Madagascar.

Plateosaurus est un des premiers grands dinosaures. Cet herbivore, qui vécut il y a quelque 220 millions d'années, atteignait 6 à 8 m de long. Il marchait à quatre pattes, mais se dressait souvent sur ses pattes arrière. Plusieurs fossiles de *Plateosaurus* ont été retrouvés en Europe.

L'ours des cavernes mesurait jusqu'à 3 m de long et possédait un crâne massif. Malgré son aspect terrifiant, ce colosse était essentiellement végétarien. L'ours des cavernes vivait principalement en Europe il y a 10 000 à 300 000 ans, où il hibernait dans les grottes.

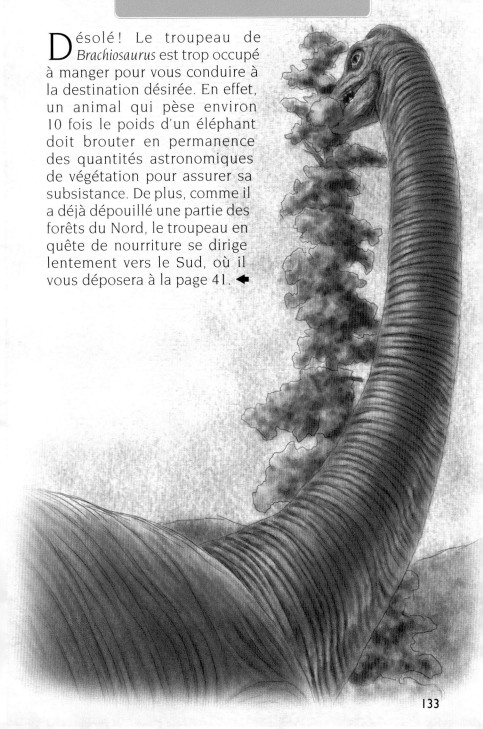

Désolé! Le troupeau de *Brachiosaurus* est trop occupé à manger pour vous conduire à la destination désirée. En effet, un animal qui pèse environ 10 fois le poids d'un éléphant doit brouter en permanence des quantités astronomiques de végétation pour assurer sa subsistance. De plus, comme il a déjà dépouillé une partie des forêts du Nord, le troupeau en quête de nourriture se dirige lentement vers le Sud, où il vous déposera à la page 41. ◄

Sachez que les grands mammifères comme vous font partie du menu de *Smilodon*. En vous apercevant, les félins de la troupe n'ont pu faire autrement que de se lécher les babines. Ces carnivores musclés qui ont à peu près la taille d'un lion s'apprêtent à bondir sur vous avec leurs mâchoires pouvant s'ouvrir presque à 120 degrés et leurs énormes canines acérées pouvant mesurer jusqu'à 25 centimètres de long. Dépêchez-vous de trouver refuge à la page 33. ◄

Tous les rois des cités de l'Argolide, un territoire situé en Grèce, ont réuni leurs armées. Le plus puissant d'entre tous, Agamemnon, dirige les troupes. Vous faites partie de leur expédition contre Troie, une cité située de l'autre côté de la mer Égée, en Asie. Mais voilà bientôt 10 ans que vous assiégez la cité asiatique sans jamais arriver à percer ses murailles. C'est alors qu'Ulysse, le plus rusé de vos compagnons, a une idée de génie…

Bientôt, vos ennemis ont la surprise de vous voir abandonner le siège en laissant, aux portes de Troie, un gigantesque cheval de bois. Les Troyens, croyant avoir gagné la guerre, prennent ce cheval pour une offrande et le transportent à l'intérieur de leur cité. Ils ne se doutent pas que l'animal est rempli de soldats. À la nuit tombée, vous sortez pour ouvrir les portes de la ville au reste de l'armée d'Agamemnon, revenue dans les parages. Troie est vaincue !

Cette épopée est racontée dans l'*Iliade* et l'*Odyssée*, des récits poétiques chantés qui figurent parmi les plus grands chefs-d'œuvre de la littérature. Ils sont attribués au poète grec Homère, qui aurait vécu au 8e siècle avant notre ère, soit 500 ans après les événements décrits dans son histoire. Nous savons aujourd'hui qu'Agamemnon et ses congénères font partie d'une civilisation très ancienne qui a réellement existé : les Mycéniens.

LA DÉCOUVERTE DE TROIE ET DE MYCÈNES

On a longtemps cru que le récit de la guerre de Troie n'était que pure fiction. Dans les années 1870, l'archéologue et homme d'affaires allemand Heinrich Schliemann investit sa fortune dans la réalisation d'un vieux rêve : prouver que certains lieux et personnages décrits dans son histoire favorite avaient réellement existé. En suivant les descriptions géographiques contenues dans le récit d'Homère, Schliemann déterra sur les collines d'Hissarlik, en Turquie, les vestiges de près de neuf cités antiques superposées ! Pour lui, il ne faisait aucun doute que l'une d'elles était la Troie d'Homère. Quelques années plus tard, dans l'ancienne Argolide, en Grèce, il mit au jour les ruines de Mycènes, la riche et puissante cité du roi Agamemnon.

Mycènes

La civilisation mycénienne vit le jour en Grèce vers –1600. Elle donna naissance à des cités prospères et brilla pendant quelques siècles avant de disparaître autour de –1200, par suite d'invasions de peuples venus du Nord. Heureusement, les traces de cette civilisation seront conservées grâce aux récits et légendes des Grecs, qui ont succédé aux Mycéniens. La riche cité de Mycènes, qui donna son nom à la civilisation, était entourée de remparts d'environ 5 mètres d'épaisseur ! Ces murs étaient si imposants que, plus tard, les Grecs diront qu'ils ont été construits par des cyclopes (les géants de leur mythologie). Les fouilles de la cité, au 19ᵉ siècle, permirent de mettre au jour les ruines d'un somptueux palais, des tombes regorgeant d'or et tout un arsenal de guerre en bronze (épées, lances, casques, etc.). Les Mycéniens étaient un peuple de guerriers. Les historiens croient qu'un conflit commercial aurait pu les inciter à attaquer Troie. En effet, cette dernière contrôlait le détroit des Dardanelles, qui permettait d'accéder aux richesses (blés, bois, chevaux) des terres entourant la mer Noire.

▲
masque
funéraire en or

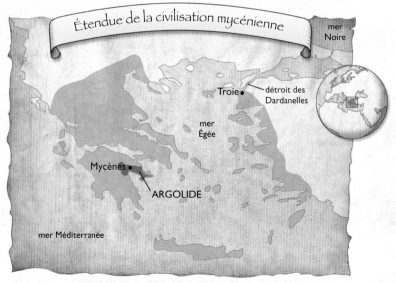

Étendue de la civilisation mycénienne

mer
Noire

Troie • — détroit des
Dardanelles

mer
Égée

Mycènes •

ARGOLIDE

mer Méditerranée

L'œuvre l'*Odyssée*, du poète grec Homère, chante le retour d'Ulysse dans sa patrie après la guerre de Troie. Le héros de l'épopée doit alors affronter une multitude d'épreuves, dont la mer des sirènes. On raconte que le chant de celles-ci est si doux et si séduisant que les marins qui l'écoutent foncent inévitablement sur les dangereux récifs qui les hébergent. Pour surmonter cette épreuve, Ulysse bouche les oreilles de ses compagnons avec de la cire. Lui-même se fait attacher au mât afin de satisfaire sa curiosité et écouter l'envoûtante mélodie.

Faites comme lui. Les sirènes pourraient vous révéler une lettre de l'énigme : **la sixième lettre du nom des géants qui, selon les Grecs, construisirent les murs de Mycènes.**

De Troie, vous pouvez vous rendre à…

16	7	6
Jéricho, Palestine 1 200 km	**baie de Naples, Italie** 1 000 km	**plaine de Podravina, Croatie** 1 200 km

Du haut d'une branche, préparez-vous à bondir sur la **page 19.** ◀	Attrapez un très gros poisson en lançant votre ligne vers la **page 37.** ◀	Utilisez votre museau long et flexible pour flairer la **page 147.** ▶

Miacis figure parmi les tout premiers Carnivores, un groupe qui comprend les ours, les félins, les loups et les chiens actuels. *Miacis* avait l'allure d'une belette et chassait dans les arbres. Il vivait en Amérique du Nord et en Eurasie il y a environ 50 millions d'années.	*Leedsichthys* est le plus gros poisson découvert à ce jour. Cet inoffensif mangeur de plancton pouvait mesurer jusqu'à 27 m, soit presque l'équivalent de la baleine bleue ! *Leedsichthys* vivait dans les mers qui recouvraient l'Europe il y a 155 à 165 millions d'années.	*Leptictidium* était un étrange mammifère qui pouvait mesurer 90 cm de long, incluant la queue. Ses longues pattes arrière lui permettaient de se déplacer rapidement. Ce petit carnivore, qui se nourrissait surtout d'insectes, vivait en Europe et en Asie il y a 40 à 50 millions d'années.

L es yeux pleins d'espoir, vous regardez vers le large. Là-bas, sur une terre encore invisible, une nouvelle vie attend les membres de votre communauté. Sur la grande plate-forme de votre voilier, vous entassez plusieurs outils, quelques cochons ainsi que des poteries renfermant des graines et des pousses végétales. Ce sont les denrées nécessaires pour fonder une nouvelle colonie, sur une île lointaine où personne n'a jamais mis les pieds.

Le voyage ne sera pas facile. Vous devrez naviguer en pleine mer pendant plusieurs jours, voire des semaines, sur des centaines de kilomètres ! Mais vous êtes confiant. Votre peuple est le champion de la navigation en haute mer. Vous savez vous guider en regardant le soleil, les étoiles, les nuages, le vol des oiseaux ainsi que la direction des vagues et des courants. De plus, votre grand voilier à double coque, d'une stabilité à toute épreuve, est pourvu d'un abri contre les intempéries. Prêt pour le grand déménagement ? Encouragé par les cris stridents des goélands, vous poussez le bateau sur les flots avec l'aide de vos compagnons d'aventure. Advienne que pourra…

Vous avez la chance de vous trouver parmi les plus grands navigateurs de l'histoire de l'humanité. Ceux-ci vont parcourir des milliers de kilomètres sans instruments de navigation pour coloniser le plus vaste océan du monde. Voici les premiers Polynésiens !

•••

Les Polynésiens habitent un ensemble d'îles éloignées les unes des autres, situées au cœur de l'océan Pacifique, dans un triangle délimité par la Nouvelle-Zélande, l'archipel d'Hawaii et l'île de Pâques. Ils sont des descendants des Lapitas.

LES POTERIES DE LA CULTURE LAPITA

En 1952, des archéologues américains découvrirent dans un site appelé Lapita, en Nouvelle-Calédonie, des poteries décorées de formes pointillées. Les archéologues décidèrent que le site de Lapita donnerait son nom à ce type de céramiques et, par extension, à la culture associée. Le même type de poterie fut découvert à plusieurs endroits en Mélanésie, un groupe d'îles situées dans le Sud-Ouest de l'océan Pacifique et qui comprend la Nouvelle-Guinée,  la Nouvelle-Calédonie et les îles Fiji. La poterie lapita fut également mise au jour sur les îles de Samoa et Tonga, dans l'Ouest de la Polynésie. Pour les archéologues, c'est la preuve que les représentants de la culture lapita étaient des navigateurs émérites et qu'ils furent les premiers colonisateurs de la Polynésie, ces îles lointaines et isolées de l'océan Pacifique.

La culture lapita est apparue sur les îles de la Mélanésie il y a environ 3 500 ans. Ses représentants partageaient un mode de vie axé en grande partie sur la navigation et l'exploitation des ressources de la mer. Ils cultivaient aussi des végétaux et fabriquaient un type de poterie particulier. Ce sont les vestiges de ces poteries, entre autres, qui permettent aux archéologues de retracer l'histoire de la colonisation des îles du Pacifique. Des membres de la culture lapita naviguèrent des îles Fiji jusqu'aux îles Tonga et Samoa, il y a environ 3 000 ans, grâce à leurs pirogues à double coque et à leur parfaite maîtrise des techniques de navigation. Ils devinrent les premiers Polynésiens. Au cours du premier millénaire de notre ère, les navigateurs polynésiens colonisèrent tour à tour les îles de la Polynésie française, Hawaii, l'île de Pâques et la Nouvelle-Zélande.

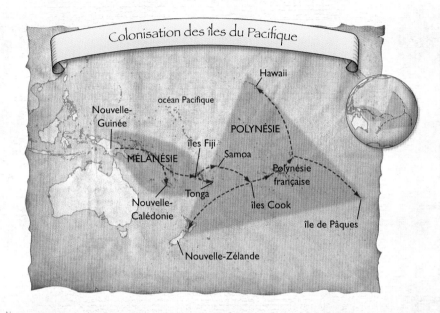

Colonisation des îles du Pacifique

L'ÎLE DE PÂQUES

Le dimanche de Pâques 1722, le navigateur néerlandais Roggeveen débarqua sur une île couverte de centaines de statues immenses. Il venait de découvrir la plus lointaine des îles colonisées par les Polynésiens. Nous savons peu de choses de la civilisation qui a érigé ces statues sur l'île de Pâques. Les archéologues cherchent

toujours la signification de ces géants de pierre, ou *moai*, sculptés dans la roche volcanique. Le plus grand mesure une vingtaine de mètres de haut! Certains scientifiques croient que cette civilisation causa sa propre perte en coupant tous les arbres de l'île. Les troncs d'arbres étaient notamment utilisés pour déplacer les gigantesques statues.

En 1973, une association vit le jour à Hawaii pour prouver aux sceptiques du monde entier que les Polynésiens furent de grands navigateurs. Elle parraina la construction de l'*Hokule'a*, une réplique exacte des anciens voiliers à double coque. En 1976, l'*Hokule'a* quitta Hawaii dans une première tentative de retracer, sans instruments de navigation, la route migratoire des Polynésiens. Quelque 4 000 kilomètres plus loin et 33 jours plus tard, le voilier fut accueilli à Tahiti (Polynésie française) par une foule de milliers de Polynésiens débordants de fierté… et une lettre de l'énigme : **la première lettre du nom donné aux géants de pierre sculptés sur l'île de Pâques.**

Des îles Fiji, vous pouvez vous rendre à…

25	33	23
Naracoorte, Australie 4 400 km	vallée de la Lune, Argentine 11 000 km	Terre d'Arnhem, Australie 4 900 km

Imitez les ammonites et expulsez un jet d'eau qui vous permettra d'être projeté vers la **page 25.** ◀

Rejoignez l'étrange *Pterodaustro* qui patauge en eau peu profonde et envolez-vous avec lui jusqu'à la **page 15.** ◀

Les *Archaeocyatha*, qui sont dans une forme éblouissante, vous conduiront jusqu'à la **page 45.** ◀

Les ammonites, un groupe de mollusques primitifs aujourd'hui disparu, étaient nombreuses dans les mers du monde, il y a 65 à 400 millions d'années. Leur coquille en forme de spirale mesurait généralement quelques centimètres, mais certaines avaient un diamètre de plus de 2 m !

Pterodaustro était un ptérosaure (reptile volant) qui possédait une envergure d'ailes de 1,3 m. Son bec recourbé était muni de centaines de dents fines qui lui permettaient de filtrer ses minuscules proies dans l'eau. Ses fossiles, vieux d'environ 125 millions d'années, ont été retrouvés en Argentine.

Les *Archaeocyatha* étaient des organismes marins primitifs ressemblant aux éponges. Ils pouvaient prendre la forme de vases, de champignons ou d'arbustes. Disparus depuis longtemps, les *Archaeocyatha* étaient répandus dans les eaux chaudes du monde il y a plus de 500 millions d'années.

Vous nagez dans une mer chaude et peu profonde. Mmm… quel bain confortable ! Le Soleil qui éclaire le fond de l'eau vous permet d'apercevoir d'étranges créatures rampantes d'à peine quelques centimètres de long. Elles ont un corps plat, des antennes, de grands yeux et des dizaines de « pattes ». D'autres petites créatures nagent en eau libre et viennent à votre rencontre. Vous remarquez que presque tous ces animaux sont protégés par une coquille, une carapace ou des piquants. Mais pourquoi se doter d'une armure dans un environnement aussi paisible ?

Soudain, une ombre apparaît sur le fond marin. Cette ombre terrifiante, qui révèle deux grandes griffes, grossit à mesure qu'elle s'approche de vous !

Ne vous laissez pas impressionner par les ombres, car elles sont bien souvent trompeuses… Un prédateur agressif s'approche bel et bien de vous, mais il ne mesure pas plus de 60 centimètres. Vous êtes donc trop gros pour lui, bien qu'il soit un géant face aux autres petites créatures qui vous entourent. Tous ces animaux sont les premiers à être dotés de pattes, d'yeux et d'antennes. Bienvenue au royaume des arthropodes.

•••

Les arthropodes forment un groupe qui comprend aujourd'hui les insectes, les araignées et les crustacés. Plusieurs espèces d'arthropodes firent leur apparition dans les mers du Cambrien, la période de l'histoire de notre Terre qui s'étend de −543 à −488 millions d'années. Alors qu'auparavant, notre planète était uniquement peuplée d'animaux marins au corps mou ou gélatineux, les arthropodes furent les premiers à se doter d'un exosquelette (squelette externe). Cette structure leur permit de se protéger des prédateurs et de soutenir le poids de leur corps. Celui-ci, séparé en plusieurs segments flexibles, était muni d'une nouveauté : des pattes, qui leur permettaient de nager ou de marcher. Plusieurs arthropodes primitifs étaient également dotés d'yeux, de tentacules et d'antennes. Grâce à ces premiers organes des sens, ils purent recevoir de l'information et réagir aux messages de leur environnement.

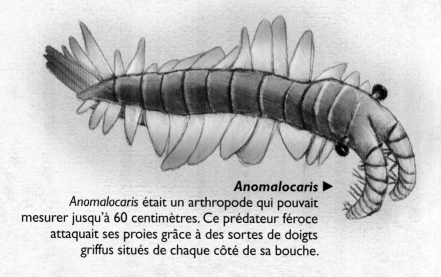

Anomalocaris ▶
Anomalocaris était un arthropode qui pouvait mesurer jusqu'à 60 centimètres. Ce prédateur féroce attaquait ses proies grâce à des sortes de doigts griffus situés de chaque côté de sa bouche.

LE SCHISTE DE BURGESS

En 1909, le paléontologue américain Charles D. Walcott découvrit, dans les montagnes Rocheuses canadiennes, un site renfermant des dizaines de milliers de fossiles cambriens âgés de plus de 500 millions d'années. Ce site, appelé Schiste de Burgess, révéla principalement des arthropodes, les animaux qui dominaient cette période lointaine de l'histoire terrestre. L'état de conservation exceptionnel des fossiles de Burgess permit d'identifier au moins 120 espèces, ce qui en fait le plus important site de fossiles du Cambrien au monde.

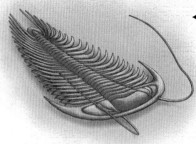

◀ Trilobite

Les trilobites comptaient plusieurs espèces dont la taille variait entre 2 et 10 centimètres. Certaines espèces géantes pouvaient toutefois atteindre 75 centimètres ! Ces arthropodes, aujourd'hui disparus, possédaient plusieurs segments, une paire d'antennes et des yeux à multiples facettes.

Marrella ▶

Marrella mesurait moins de 2 centimètres et possédait 24 paires de pattes et de branchies. Cet arthropode était l'animal le plus commun du Schiste de Burgess.

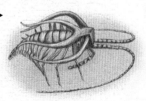

Pikaia

Pikaia mesurait 5 centimètres. On croit qu'il a pu être doté d'une notocorde, une structure ancêtre de la colonne vertébrale. Il serait donc parmi les plus lointains représentants connus des vertébrés, les ◀ animaux qui possèdent une colonne vertébrale.

Les fonds marins qui hébergeaient la faune de Burgess se trouvent maintenant à plusieurs centaines de mètres d'altitude, dans le parc national Yoho, situé dans les montagnes Rocheuses, au Canada. Ne manquez pas de visiter cet environnement paradisiaque où se côtoient les hauts sommets, les lacs de couleur émeraude et les chutes spectaculaires. Si au détour d'un sentier escarpé vous rencontrez un vieil Amérindien, il vous expliquera la signification du nom de ce parc. Ainsi, «Yoho!» est une exclamation autochtone qui exprime l'émerveillement. Le vieil homme pourrait aussi vous chuchoter à l'oreille deux lettres de l'énigme : **la quatrième et la huitième lettre du nom d'un prédateur griffu du Cambrien.**

À partir de Burgess, vous pouvez vous rendre à...

30	28	22
La Venta, Mexique 4 200 km	**vallée de la Brush Creek, É.-U.** 2 900 km	**Zhoukoudian, Chine** 8 700 km

Utilisez vos belles grandes canines pour croquer, tel un *Uintatherium,* dans la **page 33.** ◀

Suivez prudemment *Allosaurus* dans une partie de chasse qui vous mènera à la **page 67.** ◀

Laissez *Hallucigenia* «piquer» votre attention jusqu'à la **page 117.** ◀

Uintatherium était un mammifère nord-américain qui avait les dimensions d'un grand rhinocéros. Son crâne portait trois paires de «cornes» osseuses qui servaient sans doute lors de combats entre mâles. Ce gros herbivore vécut il y a environ 50 millions d'années.

Allosaurus mesurait 12 m de long et pouvait peser jusqu'à 3,5 tonnes. Ce gros dinosaure carnivore chassait probablement en groupe et s'embusquait pour surprendre ses proies. Ses fossiles, vieux de 150 millions d'années, ont été retrouvés en Amérique du Nord et en Europe.

Hallucigenia était un animal marin de 2,5 cm couvert d'épines et de tentacules. Ceux-ci lui permettaient probablement de marcher et de saisir sa nourriture. Les fossiles de cette créature vieille de plus de 500 millions d'années ont été retrouvés en Chine et dans le Schiste de Burgess, au Canada.

Un vent froid fouette votre visage et laisse présager une tempête de neige. Accompagné d'un petit groupe de chasseurs robustes vêtus de peaux de loups, vous creusez un grand trou dans le sol à demi gelé. Ça y est, l'ouvrage est terminé. Il ne reste plus qu'à attendre.

Alors même que les premiers flocons virevoltent dans le ciel, la terre se met à trembler… et un géant de 10 tonnes apparaît. Vos compagnons se précipitent dans sa direction et l'entourent de leurs lances pour le pousser vers le trou. Ainsi, votre excavation est un piège destiné à capturer le plus gros des gibiers : le mammouth ! Celui-ci sent le guet-apens. Il s'agite et assène un violent coup de défense à un chasseur. Après une lutte acharnée, l'énorme bête tombe dans la fosse en poussant un long barrissement. Pendant que les chasseurs l'achèvent à coups de javelot, vous accourez au secours de votre compagnon blessé. Trop tard… Celui-ci, grièvement atteint, rend son dernier souffle.

Les autres chasseurs vous rejoignent. Ensemble, vous creusez un trou qui, cette fois, ne sera pas un piège.

Vous déposez le corps du chasseur dans le trou, avec son arme et une pièce de viande pour son « voyage » dans l'au-delà. Vous le recouvrez de terre et marquez l'endroit d'un amas de pierres. Un homme souffle dans une étrange flûte pour rendre hommage au défunt. Les humains préhistoriques qui vous entourent sont parmi les premiers à avoir des préoccupations spirituelles et à offrir une sépulture à leurs morts. Ce sont les Hommes de Neandertal.

•••

L'Homme de Neandertal, ou *Homo neanderthalensis*, a fait son apparition en Europe il y a quelque 250 000 ans. *Homo neanderthalensis* était trapu et doté d'une musculature imposante. Il mesurait 1,65 m en moyenne et pouvait peser jusqu'à 100 kg. Cet habitant des contrées froides était bien adapté à la rigueur du climat nordique. Ses membres étaient courts, ce qui réduisait la surface du corps exposée au froid. Pour se réchauffer, il se couvrait de peaux de bêtes. Grâce à ses outils en silex très spécialisés et à ses techniques de chasse en groupe, l'Homme de Neandertal était un grand chasseur. Il vivait dans des cavernes ou construisait des cabanes avec des crânes, des défenses, des omoplates et des mâchoires de mammouths. Enfin, comme *Homo neanderthalensis* offrait à l'occasion une sépulture à ses morts, il se questionnait peut-être sur ce qu'il advenait après la vie.

Homo neanderthalensis

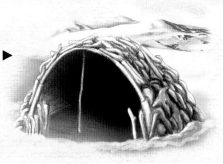

◄ cabane faite d'os
de mammouths

DES OS, DES OUTILS... ET UNE FLÛTE!

L'un des plus importants gisements de fossiles associés à l'Homme de Neandertal se situe dans la grotte de Krapina, découverte en 1899, en Croatie. Les néandertaliens auraient fréquenté cette grotte à partir de −130 000. En plus des ossements, des outils en pierre et des armes y ont été mis au jour. Non loin de là, en Slovénie, un fragment de fémur percé de quatre trous a été retrouvé dans une grotte. Cet objet néandertalien vieux d'au moins 43 000 ans pourrait être une flûte. Ce serait alors le plus ancien instrument de musique connu !

Les derniers néandertaliens se sont éteints il y a 30 000 ans. Avant de disparaître, ils ont certainement côtoyé, pendant plusieurs milliers d'années, des hommes modernes (*Homo sapiens*). Les Hommes de Neandertal ont-ils été éliminés ou chassés par ces nouveaux venus qui fabriquaient des armes et des outils plus perfectionnés ? Ont-ils été victimes de maladies ? Aujourd'hui encore, la disparition d'*Homo neanderthalensis* reste un mystère...

Homo neanderthalensis associe les noms latins « homo », qui signifie « homme », et « neanderthalensis », qui est dérivé de Neander, le nom d'une vallée en Allemagne. C'est dans cette vallée que fut découvert le premier crâne d'un homme de cette espèce.

La température s'est beaucoup réchauffée en Croatie depuis l'époque où les Hommes de Neandertal foulaient son sol. Aujourd'hui, le littoral de ce pays, baigné par la mer Adriatique, est parsemé de plages et de vignobles. Dans les terres, les troupeaux de bœufs ont depuis longtemps remplacé les troupeaux de mammouths. Toutefois, le vent pourrait avoir conservé l'écho d'un vieux morceau de flûte... ou d'une lettre de l'énigme : **la cinquième lettre du nom de la grotte qui abrite l'un des plus importants gisements de fossiles de néandertaliens.**

De la Croatie, vous pouvez vous rendre à...

15	7	5
Troie, Turquie **1 200 km**	**baie de Naples, Italie** **600 km**	**Hallstatt, Autriche** **200 km**

Imitez *Tanystropheus* et utilisez votre long cou pour pêcher la **page 135.** ◀

Revêtez l'armure de *Scutosaurus* et rendez-vous, blindé jusqu'au cou, à la **page 37.** ◀

Brisez la glace en osant accompagner un troupeau de mammouths jusqu'à la **page 107.** ◀

Tanystropheus était un étrange reptile semi-aquatique pouvant mesurer jusqu'à 6 m de long. Son cou, qui était plus long que son corps, l'aidait peut-être à pêcher à partir du rivage. *Tanystropheus* vivait en Europe et au Moyen-Orient il y a 210 à 235 millions d'années.

Scutosaurus n'était pas un dinosaure, mais un reptile primitif apparenté aux tortues. Cet herbivore de la taille d'un rhinocéros était protégé par une carapace osseuse couverte de pointes. *Scutosaurus* vivait en Europe il y a environ 260 millions d'années. Il figure parmi les premiers gros reptiles.

Plusieurs mammouths laineux ont été retrouvés presque intacts, congelés dans les glaces de la Sibérie, en Russie. Ces mammifères géants, qui vivaient dans l'hémisphère Nord aux côtés des humains préhistoriques, mesuraient 3 m de haut et pesaient jusqu'à 8 tonnes. Ils ont disparu il y a environ 10 000 ans.

Vous marchez dans les couloirs sombres d'un temple situé sur la rive ouest du fleuve Nil. À la lueur de la flamme de votre lampe, vous pouvez entrevoir les milliers de dessins minuscules qui décorent les murs de cet édifice. On dirait une écriture sacrée…

Vous entendez soudainement des voix en provenance d'une chambre faiblement éclairée. Approchez en silence jusqu'au pas de la porte. Vous voyez alors des hommes réunis autour d'une table. L'un d'eux a une terrifiante tête de chacal! Que font-ils? Étirez-vous le cou pour jeter un coup d'œil sur la table. Vous apercevez un jeune homme. Il est étendu sur le meuble et semble dormir paisiblement.

Soudain, l'homme à tête de chacal sort un grand couteau et transperce le corps du jeune homme! Vous laissez alors échapper un «NON!» retentissant…

Taisez-vous ! Ne dérangez pas les prêtres-embaumeurs ! Le jeune homme est déjà mort. Cette cérémonie, de la plus haute importance, est destinée à rendre éternels le corps et l'âme du défunt, appelé Toutankhamon. Vous avez l'extrême privilège d'assister à la momification de l'un des êtres les plus puissants sur Terre (et même dans l'au-delà) : le pharaon !

•••

La civilisation égyptienne apparut le long du fleuve Nil, il y a plus de 5 000 ans. Ce fleuve, qui fournissait l'eau nécessaire à l'agriculture, fut à la base de la prospérité de cette civilisation. On pense que vers −3000, le souverain Narmer parvint à unifier les différents royaumes d'Égypte et devint le premier pharaon. Pendant plus de 2 000 ans, les pharaons se succédèrent à la tête de l'une des plus brillantes civilisations de tous les temps.

Les Égyptiens vénéraient plusieurs divinités, dont le pharaon, considéré comme un dieu vivant. Ils accordaient aussi une immense importance à la mort et aux cérémonies qui l'entouraient. Le rite de la momification empêchait la décomposition du corps et devait permettre au défunt de survivre dans l'au-delà. Le prêtre-embaumeur retirait d'abord les viscères du corps, les lavait et les déposait dans des urnes.

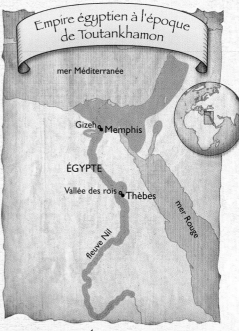

Empire égyptien à l'époque de Toutankhamon

mer Méditerranée

Gizeh · Memphis

ÉGYPTE

Vallée des rois · Thèbes

mer Rouge

fleuve Nil

Le cœur restait dans le corps car, selon les Égyptiens, il jouait un rôle crucial dans la « survie » du défunt. La dépouille était ensuite remplie de substances aromatiques et traitée avec un sel naturel, appelé natron, qui la desséchait et la conservait. On enroulait enfin le corps dans des centaines de mètres de bandelettes et des linceuls. Le processus de momification pouvait durer 70 jours !

De nombreuses réalisations égyptiennes ont marqué l'humanité. Les temples et les tombeaux monumentaux des pharaons, dont les spectaculaires pyramides de Gizeh, ont résisté aux ravages du temps. Les fresques et les sculptures qui ornaient ces monuments peuvent encore

pyramides de Gizeh

être admirées aujourd'hui. Les Égyptiens ont inventé une écriture basée sur des petits dessins, appelés hiéroglyphes. Les scribes gravaient ces hiéroglyphes sur les murs des édifices ou les traçaient avec de l'encre sur des rouleaux de papier fait de tiges de papyrus. À partir de leurs observations du ciel, les Égyptiens établirent le premier calendrier solaire, basé sur une année de 365 jours et 12 mois. Parmi les inventions égyptiennes figurent aussi le parfum et les cosmétiques.

hiéroglyphes

UN TOMBEAU PRÉSERVÉ DES PILLAGES

Les tombeaux des pharaons ont tous été pillés, sauf un! En 1922, l'égyptologue anglais Howard Carter découvrit le tombeau de Toutankhamon près de Thèbes, dans la Vallée des rois (un site désertique abritant les tombes de plusieurs pharaons). Parmi les fabuleux trésors qu'il contenait figuraient trois cercueils scintillants d'or, emboîtés comme des poupées russes. Le dernier cercueil renfermait la momie du pharaon. Un masque funéraire en or incrusté de pierres fines recouvrait son visage. Cette découverte est l'une des plus extraordinaires de l'histoire moderne!

◀ cercueils de Toutankhamon

Après le déclin de la civilisation égyptienne, les hiéroglyphes tombèrent dans l'oubli. Pendant des siècles, personne ne fut capable de comprendre les mystérieuses écritures gravées sur les monuments de l'Égypte. En 1799, une expédition française trouva à Rosette, près de la ville égyptienne d'Alexandrie, une pierre sur laquelle le même texte était transcrit en hiéroglyphes, en démotique (écriture égyptienne populaire) et en grec. Le Français Jean-François Champollion se

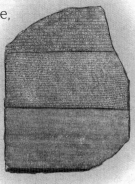

pierre de Rosette

servit de ses connaissances en langues pour déchiffrer les hiéroglyphes et ainsi percer les secrets de l'Égypte ancienne. Jetez vous aussi un œil sur la pierre de Rosette. Elle pourrait vous révéler une lettre de l'énigme : **la deuxième lettre du nom du fleuve qui fut à la base de la prospérité de la civilisation égyptienne.**

De Thèbes, vous pouvez vous rendre à...

10	12	17
Alexandrie, Égypte **700 km**	**Hadar, Éthiopie** **1 800 km**	**Our, Irak** **1 400 km**

Imitez le redoutable *Spinosaurus* et foncez, toutes voiles dehors, sur la
page 125. ◄

Suivez les traces d'un ancêtre lointain. Elles vous mèneront à la
page 29. ◄

Évitez d'être réduit en miettes par *Pachycrocuta* en vous rendant à la
page 63. ◄

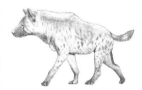

Spinosaurus fut l'un des plus gros dinosaures carnivores. Ce prédateur de près de 14 m de long, qui vivait sur la côte nord-africaine il y a quelque 95 millions d'années, possédait une «voile» de peau sur le dos et de puissantes mâchoires semblables à celles des crocodiles.

Aegyptopithecus, qui est considéré comme l'un des premiers singes, vécut il y a un peu plus de 30 millions d'années. Il avait la taille d'un chat et vivait dans les arbres où il se nourrissait de fruits et de feuilles. Ses restes ont été retrouvés en Égypte.

Pachycrocuta était une hyène géante qui avait pratiquement la taille d'un lion. Ce mammifère carnivore vécut en Afrique, en Europe et en Asie il y a plus de 10 000 ans, côtoyant certainement les humains préhistoriques. Ses mâchoires étaient si puissantes qu'elles pouvaient broyer les plus gros os !

· Vie préhistorique et premières civilisations ·

ma = millions d'années

–4600 à –543 ma

PRÉCAMBRIEN
Premières bactéries,
premières algues et premiers
invertébrés, dont les éponges.

–543 à –488 ma

CAMBRIEN
Premiers invertébrés
à coquille
et à carapace.

–488 à –444 ma

ORDOVICIEN
Premiers vertébrés :
les poissons.

–444 à –416 ma

SILURIEN
Premières plantes terrestres et
premiers animaux terrestres,
dont les mille-pattes, les
araignées et les scorpions.

Les invertébrés
Les invertébrés sont des
animaux qui ne possèdent pas
de squelette à l'intérieur du
corps. Les vers, les méduses,
les pieuvres et les insectes, par
exemple, sont des invertébrés.

–416 à –359 ma

CARBONIFÈRE
Les amphibiens dominent
le monde. Premiers insectes
ailés et premiers reptiles.

–359 à –299 ma

DÉVONIEN
Les poissons dominent le monde.
Premiers vertébrés terrestres :
les amphibiens. Premiers insectes.

PERMIEN
Les reptiles dominent
le monde. Premiers
reptiles marins.

–299 à –251 ma

Les vertébrés
Les vertébrés sont des animaux qui ont
un squelette et une colonne vertébrale.
Les poissons, les amphibiens, les reptiles,
les oiseaux et les mammifères (dont
l'humain) sont des vertébrés.

–251 à –200 ma

TRIASSIQUE
Premiers dinosaures
et premiers reptiles
volants. Premiers
mammifères.

Les fossiles
Les fossiles sont des restes ou
des empreintes laissés par des
êtres vivants disparus depuis
longtemps. Une coquille de
mollusque imprégnée dans
la roche, un squelette de
dinosaure ou un mammouth
conservé dans la glace sont
des exemples de fossiles.

–200 à –146 ma

JURASSIQUE
Les dinosaures
dominent le monde.
Premiers oiseaux.

–146 à –66 ma

CRÉTACÉ
Premières plantes à fleurs.
Disparition des dinosaures
à la fin du Crétacé.

–66 à –23 ma

PALÉOGÈNE
Diversification des
mammifères. Premiers
primates.

Une civilisation
Une civilisation est une grande société, ou un groupe de sociétés, qui partagent des techniques, des sciences et des valeurs communes.

Apparition de la première civilisation à Sumer, en Mésopotamie (l'actuel Irak).

Invention de l'écriture par la civilisation sumérienne.

Apparition de l'agriculture au Moyen-Orient.

−8 000

−3 500

−3 100

−20 000 — Début du peuplement des Amériques par *Homo sapiens*.

−30 000 — Premières peintures rupestres, réalisées par les hommes de Cro-Magnon (*Homo sapiens* installés en Europe).

La fin de la préhistoire
L'invention de l'écriture par la civilisation sumérienne souligne la fin de la préhistoire et le début de l'histoire. La première période historique, l'Antiquité, est marquée par l'apparition des civilisations.

−40 000 — Début du peuplement de l'Europe par *Homo sapiens*.

Homo sapiens peuple l'Australie. Premiers aborigènes.

−50 000

−100 000

−200 000

−250 000

Début du peuplement de l'Asie par *Homo sapiens*.

Apparition en Afrique de l'humain moderne : *Homo sapiens*, ou l'homme sage.

Apparition en Europe de l'Homme de Neandertal : *Homo neanderthalensis*.

Les paléontologues
Les paléontologues sont des spécialistes qui étudient les fossiles pour reconstituer l'histoire des animaux et des végétaux.

−1,7 ma

−2,5 ma

Apparition en Afrique de *Homo erectus*, ou l'homme dressé.

−20 ma

−4 ma

−23 ma à aujourd'hui

NÉOGÈNE

Premiers grands singes.

Apparition en Afrique de primates qui marchent sur deux jambes : les australopithèques.

Apparition en Afrique du premier humain connu : *Homo habilis* ou l'homme habile.

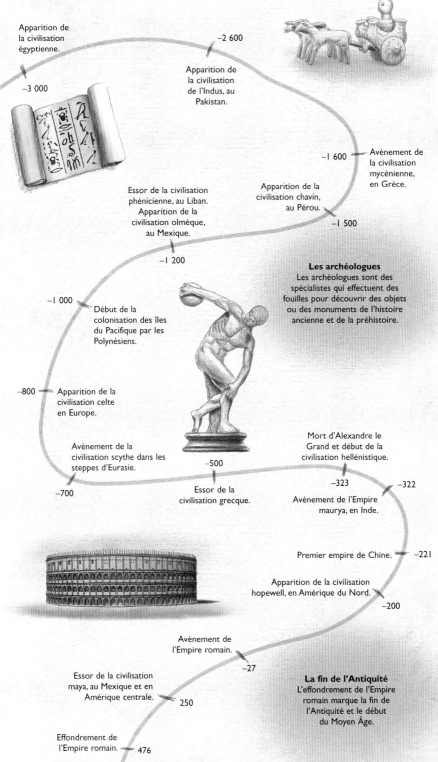

Apparition de la civilisation égyptienne.

−3 000

−2 600

Apparition de la civilisation de l'Indus, au Pakistan.

−1 600

Avènement de la civilisation mycénienne, en Grèce.

Essor de la civilisation phénicienne, au Liban. Apparition de la civilisation olmèque, au Mexique.

Apparition de la civilisation chavín, au Pérou.

−1 500

−1 200

Les archéologues
Les archéologues sont des spécialistes qui effectuent des fouilles pour découvrir des objets ou des monuments de l'histoire ancienne et de la préhistoire.

−1 000

Début de la colonisation des îles du Pacifique par les Polynésiens.

−800

Apparition de la civilisation celte en Europe.

Avènement de la civilisation scythe dans les steppes d'Eurasie.

−500

Mort d'Alexandre le Grand et début de la civilisation hellénistique.

−323

−322

−700

Essor de la civilisation grecque.

Avènement de l'Empire maurya, en Inde.

Premier empire de Chine.

−221

Apparition de la civilisation hopewell, en Amérique du Nord.

−200

Avènement de l'Empire romain.

−27

Essor de la civilisation maya, au Mexique et en Amérique centrale.

250

La fin de l'Antiquité
L'effondrement de l'Empire romain marque la fin de l'Antiquité et le début du Moyen Âge.

Effondrement de l'Empire romain.

476

Index
Caractères gras = Entrée principale

Crédits photos

Contributions

Anne Tremblay
François Fortin
Marc Lalumière
Rielle Lévesque

Solutions des énigmes

Amérique centrale et du Sud : jouet
Amérique du Nord : chameau
Océanie : humain

Asie : plumage
Afrique : momies
Europe : urine